普通高等教育"十四五"土建类专业系列教材

道路工程

主　编　周　玲
副主编　许　雯　高晨珂

西安交通大学出版社
XI'AN JIAOTONG UNIVERSITY PRESS

内容提要

本书根据近年来道路工程技术发展和建设成就以及新的技术标准和规范编写而成,主要介绍了公路、城市道路线形和路基路面结构的基本知识及规划设计方法,同时结合目前我国道路工程发展的趋势和普遍存在的质量问题,介绍了道路工程质量检测方法,并对常见的道路病害防治措施进行了举例说明。本书附有大量的计算和设计实例以及工程案例。

本书共有6章:第1章主要介绍道路工程基础知识和道路的发展情况;第2章系统介绍道路几何设计原理、方法,总体设计与选线要求、原则、方法,以及道路纸上定线与线形组合设计原理、方法;第3章主要介绍路基工程设计与施工方法;第4章主要介绍路面设计理论、设计要点、施工方法;第5章主要介绍公路路基路面现场测试原理、方法;第6章主要介绍道路工程常见的病害问题及其产生原因,并提出常见病害整治的措施和方法。

本书适用于土木工程、交通工程本科专业教学,也可以供从事道路工程管理、规划、设计、施工、监理、检测、造价、养护等技术人员工作的人员参考。

图书在版编目(CIP)数据

道路工程 / 周玲主编. — 西安:西安交通大学出版社,
2022.3(2025.7 重印)
ISBN 978-7-5693-1846-3

Ⅰ.①道… Ⅱ.①周… Ⅲ.①道路工程-高等学校-教材 Ⅳ.①U41

中国版本图书馆 CIP 数据核字(2020)第 227519 号

书　　名	道路工程 DAOLU GONGCHENG
主　　编	周　玲
责任编辑	祝翠华
封面设计	任加盟
出版发行	西安交通大学出版社 (西安市兴庆南路1号　邮政编码 710048)
网　　址	http://www.xjtupress.com
电　　话	(029)82668357　82667874(市场营销中心) (029)82668315(总编办)
传　　真	(029)82668280
印　　刷	陕西日报印务有限公司
开　　本	787 mm×1092 mm　1/16　印张 12　字数 270千字
版次印次	2022年3月第1版　2025年7月第3次印刷
书　　号	ISBN 978-7-5693-1846-3
定　　价	36.80 元

如发现印装质量问题,请与本社市场营销中心联系。
订购热线:(029)82665248　(029)82667874
投稿热线:(029)82664840
读者信箱:xj_rwjg@126.com

版权所有　侵权必究

前言 Foreword

交通是人类生存和社会发展所必须进行的活动,与社会经济发展密切相关。道路运输,以其便捷直达、通达深度广、覆盖面积大等特点在交通运输系统中起着主导作用,是国民经济发展的主动脉。

近年来,我国的道路交通事业飞速发展,无论是公路的质量还是公路的建设技术都处于世界前列,尤其是在我国提出了提高人们生活质量的要求以后,我国的交通设施建设出现了高潮,农村公路覆盖率也大幅提高。但是随着我国经济的快速发展和交通市场竞争的需要,国、省干线公路的改造,城市道路的改扩建、农村公路的建设,各级公路的养护、维修和改造等任务仍然艰巨。特别是城市道路仍普遍存在着车多路少、交通不畅、道路病害屡发的局面。

本书以土木工程、交通工程及其相关专业的人才培养需求为出发点,主要介绍了公路、城市道路线形和路基路面结构的基本知识及规划设计方法,同时结合目前我国道路工程发展的趋势和存在的普遍质量问题,介绍了道路工程质量的检测方法,并对常见的道路病害防治措施进行了举例说明。本书附有大量的计算和设计实例,同时借鉴了大量翔实的道路病害案例,并对案例进行了深入分析,提出了病害整治措施,具有较强的指导性和实用性。书中每章均附有一定的复习思考题,以便于读者理解、消化和巩固课堂所学知识。本书适用于土木工程、交通工程本科专业教学,还可供从事道路工程设计、施工与养护管理的工程技术人员参考。

本书是西安思源学院本科教材建设项目成果,由西安思源学院周玲担任主编,西安思源学院许雯和高晨珂担任副主编。全书共有6章,其中第3章(部分)、第5章、第6章由周玲编写;第4章由许雯编写;第1章由李媛编写;第2章由高晨珂编写;第3章(部分)由曹珺、王建中编写;全书由周玲负责统稿。

由于编者的水平所限,书中难免有疏漏之处,敬请广大读者批评指正。

编 者
2021年11月

目录 Contents

第1章 绪论 (1)
1.1 国内外道路发展史 (1)
1.2 道路的分类与组成 (5)
1.3 道路的分级及技术标准 (7)
本章小结 (10)
思考及练习题 (11)

第2章 道路几何设计 (12)
2.1 道路几何设计概述 (12)
2.2 道路平面设计 (14)
2.3 纵断面设计 (31)
2.4 横断面设计 (41)
本章小结 (48)
思考及练习题 (48)

第3章 路基设计及施工 (49)
3.1 路基设计概述 (49)
3.2 路基的防护与加固 (59)
3.3 路基排水设计 (70)
3.4 一般路基设计 (84)
3.5 路基施工技术 (90)
本章小结 (111)
思考及练习题 (111)

第4章 路面设计及施工 ··· (112)
- 4.1 路面设计概述 ··· (112)
- 4.2 沥青路面的特点及设计指标 ··· (115)
- 4.3 水泥混凝土路面特点及设计指标 ··· (124)
- 4.4 新建柔性路面的厚度确定 ··· (130)
- 4.5 道路工程路面施工 ··· (133)
- 本章小结 ··· (141)
- 思考及练习题 ··· (142)

第5章 道路工程质量检测 ··· (143)
- 5.1 常用术语及取样办法 ··· (143)
- 5.2 路基路面几何尺寸检测 ··· (148)
- 5.3 路基路面平整度检测 ··· (150)
- 5.4 路面抗滑性能检测(摆式仪法) ··· (159)
- 本章小结 ··· (162)
- 思考及练习题 ··· (163)

第6章 道路日常养护 ··· (164)
- 6.1 路基路面病害概述 ··· (164)
- 6.2 道路病害案例 ··· (167)
- 6.3 常见路面病害的整治与养护 ··· (173)
- 6.4 路基的养护与维修 ··· (178)
- 本章小结 ··· (185)
- 思考及练习题 ··· (185)

参考文献 ··· (186)

第1章 绪 论

教学目标：

了解国内外道路的发展历程；

了解道路的常见分类，掌握道路各部分组成及其作用和功能；

了解公路的常见分级和技术标准，掌握城市道路的分级和技术标准。

1.1 国内外道路发展史

1.1.1 国外道路发展概况

道路通常是指为陆地交通运输服务，通行各种机动车、人畜力车、驮骑牲畜及行人的各种路的统称。道路是人类社会活动的产物，可以说人类出现以后就出现了最原始的道路。人类有意识地修筑道路的历史也可以从人类的历史记载中追溯。

公元前20世纪，埃及人为建筑金字塔与人面狮身像，把大量巨石从采石场运到工地上，由此建造了道路。另外，在一些主要城镇的市场和道路上，采用平光的石板砌成，其中有些道路是用砖铺起，涂以灰浆，再铺上石头路面。

公元前12世纪，亚述国王提格拉·帕拉萨一世下令修筑长距离道路，目的是便于战车行驶。

公元前6世纪，希拉达塔斯记载过他曾经在一次旅行中经过皇家大道，这条皇家大道连接波斯民族的古都苏沙和安娜托利亚，总长1600千米。如果没有这条道路，旅行者往返两地需要花费3个月的时间。当时的皇家信差们往返两地只需花费9天。只是当时修筑这条路是为了全国通信系统的联系，而不是为了运输。

古罗马时期，道路有了飞速发展，实现了以罗马为中心，四通八达的道路网。为了缩短村镇之间的距离，道路直穿山岗或森林，以形成将首都罗马用道路和意大利、英国、法国、西班牙、德国、小亚细亚部分地区、阿拉伯以及非洲北部联成整体。这些区域分成了13个省、322条联络干道，总长度达到78000千米。因此可以说，当时建造道路的工程结构标准甚为高超。一直到今天，在公路建造工程中，还有许多采用当年罗马人所开发的工程技术的情况。随着罗马帝国的衰亡，西方道路工程发展也停滞下来。

18世纪，法国工程师特雷萨盖发明了碎石铺装路面的方法，并主张建立道路养护系统。在拿破仑执政期间，他建成了著名的法国道路网，为此特雷萨盖被尊称为法国现代道路建设之父。

18世纪末至19世纪初,英国出现了一些热心研究道路的专家,比较突出的如特尔福特和马卡丹等。特尔福特认为,鱼脊形路面不宜过高,应尽量避免修建陡坡道路,并采用一层式大石块基础路面结构,中间铺砌大石块,两边使用较小的石块以形成路拱。马卡丹认为,不需要再铺下一层片石,在路面上铺一层碎砾石,就可平坦而坚固。而事实也证明,马卡丹理论下的公路很适合当时的马车行驶。此后,欧洲各国相继修建了这种公路。

到了20世纪初,汽车获得了飞跃的发展,马卡丹式公路路基已经不适应汽车行驶的要求,人们又开始大量修建沥青和混凝土铺装的公路。二战前,德国建立了高速公路,从此各国的公路都有相应发展,高速公路已经成为现代化公路的标志。它不仅为人们长途、大量、迅速地运输和避免交通事故提供了条件,更重要的是为城市道路的规划奠定了基础。

1.1.2 代表性国家的发展概况

1. 德国

德国的公路系统由联邦远程公路、州级公路、县市级公路和乡镇级公路组成。德国是世界上最早修建高速公路的国家,于1932年修建了世界上第一条从波恩至科隆的高速公路。

德国高速公路通信信息管理系统分为五部分:一是专用通信网络;二是紧急电话系统;三是信息采集系统;四是信息显示和发布系统;五是监控管理中心。德国的高速公路建设已经饱和,许多路段交通量较大,经营理念不是修建新的道路,而是对现有道路改造和挖掘潜力,其主要措施就是交通智能化,以智能化来提高通行能力和使道路使用者达到安全、舒适和高效的状态。

2. 法国

法国高速公路网络健全,质量和密度均居前列。法国公路由高速公路、国道、省道和市镇辖道四种道路构成,分别由中央政府、省和市、镇负责投资与管理。法国的高速公路路面全部用高质量的沥青或水泥浇筑而成,路面平整,宽阔笔直,弯道较少,大部分地段与地面保持相平,没有凹凸不平的现象。高速公路的设备优良,配套齐全。公路配套设施和监控设备先进,服务设施商业化明显。在法国的高速公路上,每间隔一定距离就配有露天太阳能自动电话,当路面上出现车祸和紧急情况时,可立即与公路急救中心联络抢救,指挥中心即可派出直升机和抢险人员,飞赴现场抢救,达到军事化的要求。

3. 加拿大

加拿大根据城区繁华程度和功能,设计了车辆行车道。一般路段是双向八车道,在车辆较少的路段,变成了双向六车道;但在繁华路段,却是双向10车道、12车道、14车道;在两条高速公路交汇处,达到双向20车道以上。高速公路与其他街路相连处都有出口和入口,路面平坦宽阔。道路边上的交通标志齐全醒目,每个出口前方都有电子提示牌,预先提示前方车辆通行状况和天气状况。加拿大的车辆无论白天夜间都是开灯驾驶,也就是说,车辆出厂就这样设计的,只要打火启动,车灯就亮。高速公路里侧和外侧各有一条紧急停车道,用于车辆故障临时停车。高速公路里侧的紧急停车道,基本是警车、消防车和救护车等特种车专用道。高速公路出现车辆连环事故,道路被堵塞时,警车、消防车和救护车等从里侧紧急停车道迅速到达事故现场处理事故。

4. 日本

日本高速公路在智能交通领域具有较高技术水平,目前已经形成了全方位的交通情报数据采集系统和信息发布系统,具有世界先进的交通控制系统,为高速公路的安全管理提供了保障。日本的高速公路有完善的道路情报收集系统,将采集交通流量信息作为道路控制的决策依据,大量、实时、不间断的交通数据为信息发布和交通控制方案的制定提供了保障。

在重要地段设置气象检测站,平均 10 千米设置 1 处。交通管理部门根据气象情况及时发出信息,做出大风注意通行、禁止通行等指示。平均 1000 米设置一部路段紧急电话,在路上发生紧急状况时,通过紧急电话及时通知就近的道路管理监控室。日本高速公路平均约 2 千米设置一部监控摄像机。

1.1.3 我国道路发展概况

1. 古代道路发展概况

原始的道路是由人多次经过踏步而逐渐形成的。距今 4000 年前的新石器晚期,中国有记载役使牛马为人运输而形成驮运道,并出现了原始的临时性的简单桥梁。

商朝已经懂得夯土筑路,并利用石灰稳定土壤。从商朝殷墟的发掘中发现有碎陶片和砾石铺筑的路面,并出现了大型的木桥。

周朝的道路规模和水平有很大的发展。《诗经·小雅》记载:"周道如砥,其直如矢。"这说明当时道路坚实平坦如磨石,线形如箭一样直。对道路网的规划、标准、管理、养护、绿化以及沿线的服务性设施方面,也有所创建。首先把道路分为市区和郊区,可以说是现代城市道路和公路划分的先河。

战国时期车战频发,交往繁忙,道路的作用显得日益重要,甚至一国道路的好坏成为其兴亡的重要因素。

秦朝修筑的驰道可与当时罗马的道路网媲美。秦始皇统一中国后即开始修建以首都咸阳为中心、通向全国的驰道网。道路路基土壤采用金属椎夯实,以增加其密实度;路旁种以四季常绿的青松。

宋朝、元朝、明朝均在过去的道路建设基础上有所提高,尤其是元朝地域辽阔,自大都(今北京)通往全国有 7 条主干道,形成一个宏大的道路网。

2. 近代道路发展概况

北洋政府时期公路建设处于萌芽状态,城市道路受到外来影响,有了现代化设施的雏形。在北洋政府时期军阀割据,各自为政,道路建设也是支离破碎,较早的公路如湖南省长沙至湘潭的公路长 50 千米,1912 年通车;广西壮族自治区内的邕武路(即现在的南宁至武鸣)长 42

千米,1919年通车;广东省内的惠山至平山路长36千米,1921年通车;在北方以张库公路为最长,自河北省张家口至库伦(现为蒙古人民共和国首都乌兰巴托),全长965千米,是沿着原有的"茶叶之路"加以修整而成,自1918年试车成功后至1922年间,有90余辆长途汽车行驶,在当时是交通最繁重的一条公路。

3. 新中国成立初期的道路建设概况

1949年10月1日中华人民共和国成立。首先医治了道路的创伤,修复了被破坏的桥梁。在50年代,修筑了著名的康藏(西康至西藏)及青藏(青海至西藏)两公路:康藏公路自今四川的雅安起至西藏拉萨,全长2271千米,翻越海拔3000米以上的大雪山以及宁静、他念他翁等山脉,跨越大渡河、金沙江、澜沧江、怒江等急流,更有冰川、流沙、塌方和泥沼、地震、森林地带,地形十分复杂,工程特别艰巨,路基土石方有2900多万立方米,其中石方有530多万立方米,1950年开工,于1954年完工通车。青藏公路自青海省的西宁至拉萨,全长2100千米,横越高达4500米号称世界屋脊的昆仑、霍霍西里、唐古拉等山脉,沿途草地、沼泽、环境十分困难,经过艰苦努力,也和康藏公路同时于1954年12月25日在拉萨举行通车典礼。中华人民共和国建国30多年来,经过中央和地方的共同努力,全国通车公路10倍于建国初期;而且工程标准和施工质量有了进一步的提高,建成了从首都北京通往各省、市、自治区重要城市的国道网。

4. 目前我国道路建设概况

自20世纪90年代以来,我国政府将公路建设提升到了战略高度,将其作为国民经济发展最紧迫的任务,自此我国的公路建设才得到了迅速发展,并在不断的发展中取得巨大的突破。

(1)在基础建设上取得重大突破。近年来我国在公路交通基础建设上取得较大的突破,各级公路建设数量都有较大幅度的增长,各城镇、乡村基本完成公路交通网络建设。交通运输部官网公布的数据显示,截至2020年末,公路总里程519.81万千米,公路养护里程514.40万千米,占公路总里程99.0%。其中全国四级及以上等级公路里程494.45万千米,二级及以上等级公路里程70.24万千米,高速公路里程16.10万千米,高速公路车道里程72.31万千米,国家高速公路里程11.30万千米。随着全国公路网络建设的不断完善,让我国各地区出行变得更加的方便,尤其在农村居民出行困难的问题上得到很好的解决,为我国农村居民的生活带来极大便利。

(2)在运输能力上取得重大突破。随着近年来我国在公路交通建设上投入不断加大,公路交通网络逐渐得到完善,在运输能力上得到较大幅度的提升。除此之外,当前的公路交通系统在"春运"和"国庆黄金周"的客运出行能力上也得到较大的提升,极大地促进各地区经济交流,对我国经济增长有着较为积极的作用。再加上目前公路交通网络已经实现与铁路、航运等运输方式的完美对接,实现国内整体交通运输水平的全面提升。

(3)在信息化建设上取得重大突破。随着我国互联网技术、信息技术等先进技术的快速发展,逐渐将这些技术应用到公路建设之中,在很大程度上提升我国公路交通系统的信息化水平。例如:在当前的公路交通网络中已经基本实现了互联网售票、货运信息配载检测、在线汽车维修、GPS定位追踪等功能,使得公路交通运输在安全上和效率上都有明显的提升。可以说,目前我国的公路网络建设已经基本成型。

1.2 道路的分类与组成

1.2.1 道路的分类

根据行政管理体制,我国按道路所在位置以及在国民经济中的地位和运输特点分为以下三种道路:

(1)公路:是指连接城市、乡村和工矿基地等,主要供汽车行驶的,具备一定技术和设施的道路。

(2)城市道路:是指城市范围内,供车辆及行人通行的,具备一定技术条件和设施的道路。

(3)专用道路:是指厂矿道路、林区道路和乡村道路等。

1.2.2 道路的组成

道路主要由路基、路面和道路公用设施组成。

1. 路基

路基是路面的基础,是路面的支撑结构物。高于原地面的填方路基称为路堤,低于原地面的挖方路基称为路堑。路面底面以下 80 cm 范围内的路基部分称为路床。路基是按照路线位置和一定技术要求修筑的作为路面基础的带状构造物。路基必须具有足够的强度、刚度和水温稳定性。其中水温稳定性是指强度和刚度在自然因素的影响下的变化幅度。

路基通常分为以下几种类型:

(1)填土路基:填方路基宜选用级配较好的粗粒土作为填料。用不同填料填筑路基时,应分层填筑,每一水平层均应采用同类填料。

(2)填石路基:指用不易风化的开山石料填筑的路堤。

(3)砌石路基:指用不易风化的开山石料外砌、内填而成的路堤。砌石路基应每隔15~20 m 设伸缩缝一道。当基础地质条件变化时,应分段砌筑,并设沉降缝。

(4)护肩路基:指坚硬岩石地段陡山坡上的半填半挖路基。当填方不大,但边坡伸出较远不易修筑时,可修筑护肩。护肩高度一般不超过 2 m。

(5)护脚路基:当山坡上的填方路基有沿斜坡下滑的倾向,或为加固、收回填方坡脚时,可采用护脚路基,其高度不宜超过 5 m。

(6)挖方路基:分为土质挖方路和石质挖方路基。

(7)半填半挖路基:指当地面自然横坡度陡于 1∶5 的斜坡上修筑路堤时,路堤基底应挖台阶,台阶宽度不得小于 1 m,高速、一级公路台阶宽度一般为 2 m。

2. 路面

路面一般由面层、基层、垫层组成,见图 1-1。

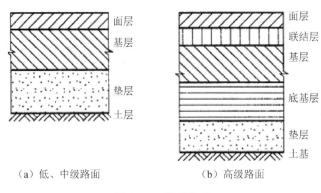

(a) 低、中级路面　　　　　(b) 高级路面

图 1-1　路面组成

面层是直接承受行车荷载作用、大气降水和温度变化影响的路面结构层次,应具有足够的结构强度、良好的温度稳定性、耐磨、抗滑、平整和不透水。沥青路面面层可由一层或数层组成。表面层应根据使用要求设置抗滑耐磨、密实稳定的沥青层;中间层、下面层应根据公路等级、沥青层厚度、气候条件等选择适当的沥青结构层。

基层设置在面层之下,并与面层一起将车轮荷载的反复作用传递到底基层、垫层、土基等起主要承重作用的层次。基层材料必须具有足够的强度、水稳性、扩散荷载的性能。在沥青路面基层下铺筑的次要承重层称为底基层。基层、底基层视公路等级或交通量的需要可设置一层或两层。当基层、底基层较厚需分两层施工时,可分别称为上基层、下基层,或上底基层、下底基层。

路基土质较差、水温状况不好时,宜在基层(或底基层)之下设置垫层,起排水、隔水、防冻、防污或扩散荷载应力等作用。

面层、基层和垫层是路面结构的基本层次。为了保证车轮荷载的向下扩散和传递,较下一层应比其上一层的每边宽出 0.25 m。

3. 道路主要公用设施

(1) 停车场。停车场宜设在其主要服务对象的同侧。停车场的出入口,有条件时应分开设置,单向出入,出入口宽通常不得小于 7.0 m,并且尽可能避免出场车辆左转弯。

为了保证车辆不发生自重分力引起滑溜,停放场的最大纵坡与通道平行方向为 1%,与通道垂直方向为 3%。出入通道的最大纵坡为 7%,一般以小于等于 2% 为宜。停放场及通道的最小纵坡以满足雨、雪、水及时排除及施工可能高程误差水平为原则,一般取 0.4%~0.5%。

(2) 公共交通站点。城市公共交通站点分为终点站、枢纽站和中间停靠站。

(3) 道路照明系统。照明标准通常用水平照度和不均匀度来表示。

(4) 人行天桥和人行地道。修建人行立交桥是人车分离、保护过街行人和车流畅通的安全措施。在下列情况下,可考虑修建人行地道:①重要建筑物及风景区附近,修人行天桥会破坏风景或城市美观;②横跨的行人特别多的站前道路等;③修建人行地道比修人行天桥在工程费用和施工方法上有利;④有障碍物影响,修建人行天桥需显著提高桥下净空时。总之,要充分考虑设置地点的交通、道路状况及费用等。

(5)道路交通管理设施。道路交通管理设施通常包括交通标志、标线和交通信号灯等,广义概念还包括护栏、统一交通规则的其他显示设施。

①交通标志。交通标志分为主标志和辅助标志两大类。主标志按其功能可分为警告、禁令、批示及指路标志等四种。辅助标志系附设在主标志下面,对主标志起补充说明的标志,它不得单独使用。

②交通标线。交通标线主要是指路面标线,还有少数立面标记。

③交通信号灯。交通信号灯指挥交通运行的信号灯,一般由红灯、绿灯、黄灯组成。

④道路绿化。道路绿化主要包括公路绿化和城市道路绿化。按其目的、内容和任务不同,道路绿化又分为营造行道树、营造防护林。

1.3 道路的分级及技术标准

1.3.1 公路的分级及技术标准

(1)公路根据作用及使用性质不同,可分为国道、省道、县道、乡道以及专用公路。

国道主干线的编号,由国道标识符"G"、主干线标识"0"加两位数字顺序号组成。国道放射线编号,由国道标识符"G"、放射线标识"1"和两位数字顺序号组成,以北京为起始点,放射线止点为终点,按路线的顺时针方向排列编号,如 G101 北京至沈阳(简称京沈线)。

省道放射线的编号,由省道标识符"S"、放射线标识"1"和两位数字顺序号组成,如 S120;北南纵线的编号,由省道标识符"S"、北南纵线标识"2"(偶数)和两位数字顺序号组成;省道东西横线的编号,由省道标识符"S"、东西横线标识"3"(奇数)和两位数字顺序号组成。

县道由大写字母 X 开头,不属于国道、省道的县际间公路。县道由县、市公路主管部门负责修建、养护和管理。

我国把国道和省道称为干线,县道和乡道称为支线。

(2)按交通量划分,公路又可分为高速公路、一级公路、二级公路、三级公路、四级公路。

①高速公路:主要用于连接政治、经济、文化上重要的城市和地区,是国家公路干线网中的骨架。四车道的公路年平均每昼夜汽车通过量 2.5 万辆以上。

②一级公路:主要连接重要政治、经济中心,通往重点工矿区,是国家的干线公路。四车道一级公路能适应按各种汽车折合成小客车的远景设计年限,年平均昼夜交通量为 15000～30000 辆。六车道一级公路能适应按各种汽车折合成小客车的远景设计年限,年平均昼夜交通量为 25000～55000 辆。

③二级公路:能适应各种车辆行驶。二级公路一般能适应按各种车辆折合成中型载重汽车的远景设计年限,年平均昼夜交通量为 3000～7500 辆。

④三级公路:指沟通县及县以上城镇的干线公路。三级公路能适应按各种车辆折合成中

型载重汽车的远景设计年限,年平均昼夜交通量为1000～4000辆。

⑤四级公路:指沟通县、乡、村等的支线公路,通常能适应各种车辆行驶。四级公路能适应按各种车辆折合成中型载重汽车的远景设计年限,年平均昼夜交通量为:双车道1500辆以下;单车道200辆以下。

各级公路技术指标见表1-1。

表1-1 各级公路技术指标

公路等级		高速公路				一级公路		二级公路		三级公路		四级公路	
计算行车速度/(km/h)		120	100	80	60	100	60	80	60	60	30	40	20
车道数		8	6	4	4	4	4	4	4	2	2	2	2	1或2
行车道宽度		2×15.0	2×11.3	2×7.5	2×7.5	2×7.5	2×7.0	2×7.5	2×7.0	9.0	7.0	7.0	6.0	3.5或6.0
路基宽度/m	一般值	42.50	35.00	27.00或28.00	26.00	24.50	22.50	25.50	22.50	12.00	8.50	8.50	7.50	6.50
	变化值	40.50	33.00	25.50	24.50	23.00	20.00	24.00	20.00	17.00	—	—	—	4.5或7.0
平曲线最小半径/m	极限值	650	400	250	125	400	125	250	60	125	30	60	15
	一般值	1000	700	400	200	700	200	400	100	200	65	100	30
	不设超高	5500	4000	2500	1500	4000	1500	2500	600	1500	350	600	150
平曲线最小长度/m		200	170	140	100	170	100	140	70	100	70	100	40
最短缓和曲线长度/m		100	85	70	50	85	50	70	35	50	25	35	20
停车视距/m		210	160	100	75	160	75	110	40	75	30	40	20
超车视距/m	极限值	—	—	—	—	—	—	550	200	350	150	200	100
	一般值	—	—	—	—	—	—	350	150	250	100	150	70
最大纵坡/%		3	4	5	6	4	6	5	7	6	8	6	9
最小坡长/m		300	250	200	150	250	150	200	120	150	100	100	60
最大合成坡度/%		10	10	10.5	10.5	10	10.5	9	10	9.5	10	9.5	10
凸性竖曲线长度/m	一般最小值	17000	10000	4500	2000	10000	2000	4500	700	2000	400	700	200
	极限最小值	11000	6500	3000	1400	6500	1400	3000	450	1400	250	450	100
凹性竖曲线长度/m	一般最小值	6000	4500	3000	1500	4500	1500	3000	700	1500	400	700	200
	极限最小值	4000	3000	2000	1000	3000	1000	2000	450	1000	250	450	100
竖曲线最小长度/m		100	85	70	50	85	50	70	35	50	25	35	20
设计年限		20				20		15		10		6	
道路最小长度/km		20				20		15		10		5	

续表

公路等级		高速公路	一级公路	二级公路	三级公路	四级公路
车辆荷载	计算荷载	汽车:超20级	汽车:20级	汽车:20级	汽车:20级	汽车:10级
	验算荷载	挂车:120级	挂车:100级	挂车:100级	挂车:100级	履带:50级

1.3.2 城市道路的分级及技术标准

(1)根据道路在城市道路系统中的地位和交通功能不同,城市道路分为快速路、主干路、次干路、支路。

①快速路:指为流畅地处理城市大量交通而建筑的道路。快速路要有平顺的线型,与一般道路分开,使汽车交通安全、通畅和舒适。与交通量大的干路相交时,快速路应采用立体交叉;与交通量小的支路相交时,可采用平面交叉,但要有控制交通的措施。两侧有非机动车时,必须设完整的分隔带。横过车行道时,需经由控制的交叉路口或地道、天桥。城市道路中设有中央分隔带,具有四条以上机动车道,全部或部分采用立体交叉与控制出入,供汽车以较高速度行驶的道路。快速路又称汽车专用道。快速路的设计行车速度为60~100 km/h。

②主干路:指连接城市各主要部分的交通干路,是城市道路的骨架,主要功能是交通运输。主干路上的交通要保证一定的行车速度,故应根据交通量的大小设置相应宽度的车行道,以供车辆通畅地行驶。线形应通畅、便捷,交叉口宜尽可能少,以减少相交道路上车辆进出的干扰,平面交叉要有控制交通的措施,交通量超过平面交叉口的通行能力时,可根据规划采用立体交叉。机动车道与非机动车道应用隔离带分开。交通量大的主干路上快速机动车如小客车等也应与速度较慢的卡车、公共汽车等分道行驶。主干路两侧应有适当宽度的人行道。主干路两侧不宜建设吸引大量人流、车流的公共建筑物如剧院、体育馆、商场等。主干路是连接城市各分区的干路,其建设应以交通功能为主。主干路的设计行车速度为40~60 km/h。

③次干路:指一个区域内的主要道路,是一般交通道路兼有服务功能,配合主干路共同组成干路网,起广泛联系城市各部分与集散交通的作用,一般情况下快、慢车混合行驶。条件许可时也可另设非机动车道。道路两侧应设人行道,并可设置吸引人流的公共建筑物。次干路承担主干路与各分区间的交通集散作用,兼有服务功能。次干路的设计行车速度为30~50 km/h。

④支路:指次干路与居住区的联络线,为地区交通服务,也起集散交通的作用,两旁可有人行道,也可有商业性建筑。次干路与街坊路(小区路)的连接线,以服务功能为主。支路的设计行车速度为20~40 km/h。

城市各级道路的技术指标见表1-2。

表 1-2　城市各类(级)道路主要技术指标

道路类别	级别	设计车速/(km/h)	双向机动车道数/条	机动车道宽/m	分隔带设置	道路断面形式
快速路	—	80、60	≥4	3.75	必须设	双、四幅路
主干路	Ⅰ	60、50	≥4	3.75	应设	单、双、三、四幅路
	Ⅱ	50、40	≥4	3.75	应设	单、双、三幅路
	Ⅲ	40、30	2～4	3.5～3.75	可设	单、双、三幅路
次干路	Ⅰ	50、40	2～4	3.75	可设	单、双、三幅路
	Ⅱ	40、30	2～4	3.5～3.75	不设	单幅路
	Ⅲ	30、20	2	3.5	不设	单幅路
支路	Ⅰ	40、30	2	3.5～3.75	不设	单幅路
	Ⅱ	30、20	2	3.5	不设	单幅路
	Ⅲ	20	2	3.5	不设	单幅路

注：1.设计车速在条件许可下，宜采用上限值。

2.改建道路应依据地形、地物限制、拆迁占地等具体条件，选用表中适当等级。

3.城市文化街、商业街可参照表中次干路及支路的技术指标。

(2)根据道路力学分类，城市道路主要分为刚性路面和柔性路面两大类。

①柔性路面：其荷载作用下产生的弯沉变形较大、抗弯强度小，它的破坏取决于极限垂直变形和弯拉应变，以沥青路面为代表。沥青路面结构组合的基本原则为：面层、基层的结构类型及厚度应与交通量相适应；层间必须紧密稳定，保证结构整体性和应力传递的连续性；各结构层的回弹模量自上而下递减。

②刚性路面：其荷载作用下产生板体作用，弯拉强度大，弯沉变形小，它的破坏取决于极限弯拉强度，主要代表是水泥砼路面。

本章小结

本章介绍了德国、法国、加拿大、日本等国家的道路发展历程和我国道路的从古至今的发展史，使学生可以了解道路工程的发展和巨大变化及对人们交通出行方式的影响；介绍了道路的常见分类和道路的基本组成，重点介绍了路基、路面和道路的公用设施的基本定义、功能和构成；介绍了公路根据作用及使用性质可分为国道、省道、县道、乡道以及专用公路；按交通量划分，公路又可分为高速公路、一级公路、二级公路、三级公路、四级公路，同时介绍了相应道路的技术标准。最后介绍了城市道路的分级和技术标准，根据道路在城市道路系统中的地位和交通功能，分为快速路、主干路、次干路、支路。

思考及练习题

1. 简述道路的分类。
2. 简述道路的组成。
3. 简述路基的常见类型。
4. 路面由哪几部分组成,各部分的作用是什么?
5. 道路主要公用设施主要包括哪些?
6. 简述公路的常见分级及技术标准。
7. 简述城市道路的分级和技术标准。
8. 对比中外道路的发展史,比较各国道路发展的异同。
9. 根据中国道路的发展史,预测中国道路未来 20 年的发展。
10. 简述道路工程的飞速发展,对人类的生活方式带来的影响。

第 2 章　道路几何设计

教学目标：
了解路线设计的原则和依据；
掌握道路几何设计的内容；
掌握道路平面、纵断面、横断面设计的内容和要点；
掌握超高、加宽等概念及原因；
能够初步进行一条道路的几何设计。

2.1　道路几何设计概述

道路是一种三维带状空间结构物,主要由路基、路面、桥涵、隧道等工程结构实体组成,道路空间位置的设计属于几何设计的范畴。

道路的几何设计又称为道路的线路设计,主要工作为确定路线空间位置和各部分几何尺寸,研究汽车行驶性能与道路各几何要素之间的关系,保证行车在设计道路上安全、快速地行驶,同时兼顾道路造价、舒适度和路容美观的要求。路线设计涉及人、车、路、环境的相互关系。

道路是一种空间实体,将空间路线投影在水平面上,称作路线的平面线形。将空间路线假想沿中线竖直剖切再行展开,形成的线形是路线的纵断面。沿道路中线上任意一点进行法向切割,得到的切面为该点的横断面。路线的几何设计就是对平面、纵断面、横断面分别进行设计。

2.1.1　路线线形设计原则

路线线形设计的总原则包括以下几个主要方面。

1.汽车行驶的稳定性

汽车行驶的稳定性是指汽车能沿公路安全地行驶,在各种情况下行驶时不翻车、不倒溜、不侧滑。只有当行车具有良好的稳定性时,才能保证其使用性能得到充分的发挥,此外,它对减轻驾驶员的劳动强度,增加乘客的安全感和舒适程度,减少装载物品的损坏等均有重大意义。

在公路线形设计时,主要采取合理设置纵、横坡度和弯道以及提高车轮与路面间的附着力等措施来保证汽车行驶的稳定性。

2.尽可能地提高车速

为了提高汽车的运输周转率、节约燃料、减少轮胎磨耗等,应尽量提高车速,缩短行程时间,这是公路质量在运输经济上的反映。在公路线形设计时,应对公路的平面和纵断面进行合理的布局,严格控制曲线半径、最大纵坡及坡长,合理地设置超高和缓和曲线,并尽可能地采取大半径曲线及平级的纵坡。

3.行车畅通

公路线形设计需要保证平面上有足够的视距,纵断面上应正确设置竖曲线,横断面上应有足够的通行宽度和高度,才可保证行车顺畅、安全。此外,还应尽可能地减少平面交叉以及增加交通安全和防止公害,必要时可加修慢车道等。

4.行车舒适

在进行公路线形设计时,需正确地组合平面线形和纵面线形,以增进驾驶员和乘客在视觉上和心理上的舒适感。平曲线、竖曲线最小半径都应加以限制,以免车辆行驶时离心力过大引起驾驶员和乘客不舒适。此外,需要路面平整少尘,在路两旁进行绿化以美化路容。

2.1.2 路线设计依据

根据第1章可知,公路和城市道路均有相应的分级,如公路可分为高速公路、一级公路、二级公路、三级公路和四级公路,不同道路等级的公路具有不同的技术参数,确定道路参数的等级主要依据以下几个方面因素。

1.设计车辆

道路上行驶的车辆种类较多,可按使用目的、结构或发动机的不同进行分类。《公路工程技术标准》(JTG B01—2014)中提到的公路设计所采用的设计车辆有小客车、大型客车、铰接客车、载重汽车、铰接列车,我国公路设计通常把小客车作为有代表性的设计车辆。

2.设计速度

设计速度是道路设计依据的汽车速度,是指在交通密度小、气候正常、汽车运行只受道路本身条件影响时,一般驾驶员能保持安全、舒适行驶的最大行驶车速。

设计速度是确定道路几何线形的基本要素。它的制约因素有工程费用、运输效率、几何形状等。设计车速规定过大,会造成工程费用增多,且对地形的要求高,适应的交通量大;规定过小,工程费用减小,对地形的要求低,适应的交通量小。设计车速不同于汽车的实际行车速度。实际行车速度受气候、地形、交通密度以及公路本身条件的影响,同时与驾驶员的技术也有较大的关系。当行车条件较好时,行车速度能够达到或超过设计速度,在设计速度较低的等级公路上超过设计速度的实际行车速度是常见的。相反,当公路上的行车条件较差时,行车速度大多低于设计速度。

根据《公路工程技术标准》(JTG B01—2014),我国各级公路按不同的使用要求分为不同的设计速度。二至四级公路分为两种,高速公路和一级公路由于设计的速度高、线性指标高、工程造价大,设计速度对其影响的程度也较大。因此,高级公路与一级公路的设计速度分为三种,这样可以更好地配合地下基础和景观设计。

城市道路与公路相比,具有功能多样、组成复杂、车辆多、车速差异大、道路交叉口多等特点,故行车速度比公路有较大降低。

3.交通量

交通量是指单位时间内,通过道路某地点或某断面的车辆、行人数量,一般是指机动车交通量,且为来往两个方向的车辆数,亦称交通流量或车流量。时间单位以小时计的称为小时交通量,以日计的称为日(昼夜)交通量。交通量是确定公路等级的主要依据。

2.2 道路平面设计

道路的平面是空间路线在水平面上的投影。道路的平面线形三要素包括直线、圆曲线和缓和曲线。平面线形各要素的选择和运用应根据道路等级、设计速度,充分考虑沿线自然环境和社会环境,做到该直则直、该曲则曲,同时要求道路平面与地形、环境、景观等因素相协调,并且要求平面要和纵断面、横断面相互配合协调。

2.2.1 平面几何要素

1.直线

(1)直线的特点。

连接两目的地,两点之间直线最短,因此直线具有视距良好、行车方向明确、驾驶简单等特点。在测量中,直线线形简单,容易测设。因此,直线被广泛用于各种线形工程中。但是直线线形缺乏变化,在行车速度较快的情况下,驾驶者容易感到单调和视觉疲劳,不容易准确目测车辆之间的距离,在夜间行驶时,会有车灯炫目的危险,长时间行驶还会导致超速行驶状态。因此,要慎重选用长直线路段,以保证安全。

(2)直线的运用。

下列地区可采用直线线形:

①农田、河渠规整的平坦地区,城镇近郊规划等以直线条为主的地区;

②不受地形、地物限制的平坦地区或山间的开阔谷地;

③长大桥梁、隧道等构筑物路段;

④路线交叉点及其前后;

⑤双车道公路提供超车的路段。

(3)直线的长度。

一般在两个相邻的曲线之间应有一定长度的直线,用以保证线形的连续和驾驶的安全。对于直线的要求,既不宜过长,也不宜过短。

①直线的最大长度。

理论上讲,直线的最大长度确定应根据驾驶员的心理反应和视觉效果来确定,但我国目前对直线的最大长度未做明确限定,仅规定"直线的长度不宜过长"。在实际设计中,一般的做法是根据所在地区的地形、地物、自然景观结合经验等确定直线的最大长度。

对于长直线有以下要求:长直线上纵坡不宜过大;长直线与大半径的凹形竖曲线组合为宜;道路两侧地形过于空旷时,宜采用植树、设置构造物等措施改善其单调性;长直线或长下坡尽头的平曲线,除应满足曲线半径、超高、视距的规定外,还应采取设置交通标志、增加路面抗滑能力等措施。

②直线的最小长度。

对于同向曲线间的最小直线长度,《公路工程技术标准》(JTG B01—2014)中规定在通常情况下应以 $6v$(v 为行车速度,单位为 km/h)控制,特殊情况下应以 $2.5v$ 控制。若无法满足要求,则应将同向曲线设计成复曲线。对于反向曲线间的最小直线长度,《公路工程技术标准》中规定应以 $2v$ 控制,否则应设置缓和曲线相连。

2.圆曲线

(1)圆曲线的几何要素。

圆曲线是平曲线的重要组成部分,常采用的线形有单曲线、复曲线、双交点曲线、多交点曲线、虚交点曲线和回头曲线等。

圆曲线的优点为:能较好地与地形、地物、环境相适应;现场容易设置;能很好地诱导驾驶员视线;曲率半径为常数等。其缺点是相对直线设置困难。

(2)圆曲线半径。

①计算公式。圆曲线的主要技术指标就是圆曲线半径。圆曲线半径与汽车在曲线上能安全而又顺适地行驶所需要的条件有关。通过对行驶于平曲线上的汽车横向受力状态的分析及各种力的几何关系,得出圆曲线半径的计算公式如下:

$$R = \frac{v^2}{127(\mu + i)} \tag{2-1}$$

式中:R——圆曲线半径,单位为 m;

v——行车速度,单位为 km/h;

μ——横向力系数,即单位车重所承受的实际横向力,极限值为路面与轮胎之间的横向摩阻系数;

i——路面的横向坡度,向内侧倾斜取正值,反之取负值。

由式(2-1)可得,确定圆曲线最小半径的关键参数是横向力系数和路面横坡。由分析可知,从汽车行驶稳定性出发,圆曲线半径越大越好,但半径过大必然引起工程量的增加,也受到地形、地质、地物等因素的限制;如果半径过小,汽车行驶会不稳定、不安全,甚至有翻车的风险。所以,必须限制圆曲线的最小半径。

②圆曲线最小半径。圆曲线最小半径有极限最小半径、一般最小半径和不设超高的最小半径。我国《公路工程技术标准》(JTG B01—2014)根据不同的横向力系数和最大超高值,针对不同设计速度的公路规定了三种半径的数值,具体见表2-1。

表 2-1　各级公路圆曲线最小半径

设计速度/(km/h)		120	100	80	60	40	30	20
极限最小半径/m		650	400	250	125	60	30	15
一般最小半径/m		1000	700	400	200	100	65	30
不设超高的最小半径/m	路拱≤2%	5500	4000	2500	1500	600	350	150
	路拱>2%	7500	5250	3350	1900	800	450	200

极限最小半径是指在采用允许最大超高的横向摩阻系数情况下,能保证汽车行驶安全的最小半径,是圆曲线半径采用的最小极限值,只有当地形困难或条件受限制时,不得已才使用的半径值。

一般最小半径是指在采用允许最大超高的横向摩阻系数情况下,保证汽车以设计速度行驶,保证安全与舒适的最小半径,设计时建议采用一般最小半径值。

不设超高的最小半径是指道路曲线半径较大、离心力较小时,汽车沿双向路拱外侧行驶的路面摩擦力足以保证汽车行驶安全稳定所采用的最小半径。

3.缓和曲线

缓和曲线是设置在直线与圆曲线之间或大圆曲线与小圆曲线之间,半径不断变化的曲线。《公路工程技术标准》(JTG B01—2014)规定,除四级公路可不设缓和曲线外,其余各级公路都应设置缓和曲线。

(1)缓和曲线的作用。

①使离心力缓和。汽车由直线驶入圆曲线或由圆曲线驶入直线时,由于曲率的突变会使乘客有不舒适的感觉,所以应在曲率不同的曲线之间设置一条过渡曲线,以缓和离心加速度的变化。

②使超高及加宽缓和。行车道从直线上的双坡断面过渡到圆曲线的单坡断面和由直线上的正常宽度过渡到圆曲线上的加宽宽度,一般情况下是在缓和曲线长度内完成的。

③与圆曲线配合得当,增加线形美观。圆曲线与直线径向连接,在连接处曲率突变,在视觉上有不平顺的感觉。设置缓和曲线后,线形连续圆滑,增加线形的美观,收到显著的效果。

(2)回旋曲线。

①数学表达式。

回旋线是公路路线设计中最常用的一种缓和曲线,因为汽车行驶的轨迹近似回旋线。《公路工程技术标准》(JTG B01—2014)规定缓和曲线采用回旋线。回旋线的基本公式为

$$rl = A^2 \tag{2-2}$$

式中:r——回旋线上某点的曲线半径,单位为 m;

l——回旋线上某点到原点的曲线长,单位为 m;

A——回旋线参数,表征回旋线曲率变化的缓急程度,单位为 m。

在缓和曲线的终点处，$l=L_s$，$r=R$，则式(2-2)可写为

$$RL_s = A^2 \tag{2-3}$$

则回旋参数

$$A = \sqrt{RL_s} \tag{2-4}$$

式中：R——回旋线所连接的圆曲线的半径，单位为 m；

L_s——回旋线的缓和曲线的长度，单位为 m。

②有缓和曲线的道路平曲线的几何要素计算。

图 2-1 所示为将回旋线设为缓和曲线的基本图式，其几何元素的计算公式如下。

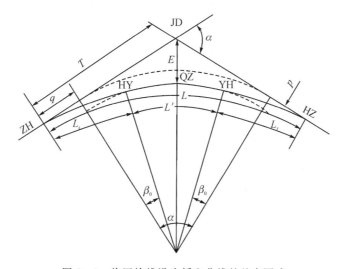

图 2-1 将回旋线设为缓和曲线的基本图式

A.缓和曲线常数的计算。

缓和曲线的切线角：

$$\beta = \frac{L_s}{2R} \cdot \frac{180}{\pi}$$

未设缓和曲线圆曲线的起点至缓和曲线起点的距离：$q = \frac{L_s}{2} - \frac{L_s^3}{240R^2}$

设有缓和曲线后圆曲线的内移值：$P = \frac{L_s^2}{24R}$

B.平曲线几何要素的计算。

平曲线切线长：$T_H = (R+p)\tan\frac{\alpha}{2} + q$

平曲线中的圆曲线长：$L' = (\alpha - 2\beta_0)\frac{\pi}{180}R$

平曲线总长：$L_H = (\alpha - 2\beta_0)\frac{\pi}{180}R + 2L_s$

外距：$E_H = (R+p)\sec\dfrac{\alpha}{2} - R$

超距：$D_H = 2T_H - L_H$

式中：T——总切线长，单位为 m；

L——总曲线长，单位为 m；

E——外矢距，单位为 m；

D——修正值，单位为 m；

R——圆曲线半径，单位为 m；

α——路线转角(°)；

β_0——缓和曲线终点处(即 HY、YH)的缓和曲线角(°)；

p——设缓和曲线后，主圆曲线的内移值，单位为 m；

q——缓和曲线切线增长值，单位为 m；

L_s——缓和曲线长度，单位为 m。

(3)缓和曲线的长度及参数。

①缓和曲线的最小长度。缓和曲线应有足够的长度，以保证驾驶员操纵方向盘所需的时间，使乘客感觉舒适，并保证圆曲线上的超高和加宽的过渡能在缓和曲线内完成。

根据以下几方面考虑确定缓和曲线最小长度。

A.旅客乘车的舒适感。汽车行驶在缓和曲线上，其离心加速度将随着缓和曲线曲率的变化而变化，变化过快会使旅客产生不舒适的感觉。

B.超高渐变率适中。如果设置在缓和曲线上的超高过渡段太短会因路面急剧由双坡变为单坡而形成一种扭曲的面，这样对行车不利。

C.与驾驶员操作时间适应。缓和曲线的长度太短会使驾驶员操作不便，甚至造成驾驶操纵的紧张和忙乱。

考虑了上述影响缓和曲线的各项因素，我国《公路工程技术标准》(JTG B01—2014)规定按设计速度来确定缓和曲线最小长度，同时考虑行车时间和附加纵坡的要求。各级公路的缓和曲线最小长度见表 2-2。

表 2-2 各级公路的缓和曲线最小长度

公路等级	高速公路			一级公路			二级公路		三级公路		四级公路
设计行车速度/(km/h)	120	100	80	100	80	60	80	60	40	30	20
缓和曲线最小长度/m	100	85	70	85	70	50	70	50	35	25	20

②缓和曲线参数的确定。缓和曲线参数宜根据地形条件及线形要求确定，并与圆曲线半径相协调。有相关经验认为，为得到视觉上协调而又平顺的线形，回旋线参数 A 和连接的圆曲线间应保持以下关系：

$$R/3 \leqslant A \leqslant R$$

当 R 小于 100 m 时，A 宜大于或等于 R；当 R 接近于 100 m 时，A 宜等于 R；当 R 较大或接近于 3000 m 时，A 宜等于 $R/3$；当 R 大于 3000 m 时，A 宜小于 $R/3$。

2.2.2 曲线上的超高与加宽

1.超高

(1)超高及其作用。

为抵消车辆在曲线路段上行驶时所产生的离心力，将路面做成外侧高内侧低的单向横坡形式，称为曲线上的超高。当汽车在圆曲线等速行驶时，产生的离心力是常数，此时的超高与圆曲线半径相适应，称为全超高；在缓和曲线上，曲率的变化引起离心力也是变化的，因此缓和曲线上的超高是不断变化的；把从直线上的双向横坡渐变到圆曲线上单向横坡的路段，称为超高过渡段。

(2)超高值的确定。

由前面圆曲线半径计算公式(2-1)，可得超高值的计算公式为：

$$i_b = \frac{v^2}{127R} - \mu$$

式中：v——行车速度，单位为 km/h；

μ——横向力系数。

当采用极限最小半径时即为计算最大超高坡度，其公式为：

$$i_{max} = \frac{v^2}{127R_{min}} - \mu \tag{2-5}$$

式中：R——圆曲线半径，单位为 m；

R_{min}——平曲线最小半径，单位为 m。

最大超高值的限值与气候条件、地形、地区、汽车以低速行驶的频率、路面施工的难易程度等因素有关。各级道路圆曲线部分最大超高值规定见表 2-3。

表 2-3 各级道路圆曲线最大超高值

公路等级	高速公路、一级公路	二级公路、三级公路、四级公路
一般地区/%	8 或 10	8
积雪冰冻地区/%	6	

各圆曲线半径所设置的超高值应根据设计速度、圆曲线半径、公路条件、自然条件等计算确定。

(3)超高的过渡方式。

超高的过渡方式根据地形、车道数、中间带宽度、超高值、排水要求、路容美观等因素不同，分为下列几种。

①无中间带的公路的超高过渡方式。

当超高横坡度等于路拱坡度时,将外侧车道绕道路中线旋转,直至达到超高横坡值,如图2-2所示。

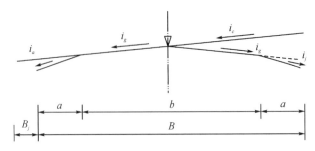

图2-2 超高横坡度等于路拱坡度时旋转图

超高横坡度大于路拱坡度时,可采用以下三种过渡方式。

A.绕内边缘旋转,如图2-3(a)所示。

在过渡段起点之前将路肩的横坡逐渐变为路拱横坡,再以路中线为旋转轴,逐渐抬高外侧路面与路肩,使之达到与路拱坡度一致的单向横坡后,整个断面再绕未加宽前的内侧车道边缘旋转,直至达到超高横坡度为止。新建公路宜采用此种方式。

B.绕路中线旋转,如图2-3(b)所示。

在超高过渡段之前,先将路肩横坡逐渐变为路拱横坡,再以路中线为旋转轴,使外侧车道和内侧车道变为单向的横坡度后,整个断面一同绕中线旋转,使单坡横断面直至达到超高横坡度为止。一般改建公路常采用此种方式。

C.绕外边缘旋转,如图2-3(c)所示。

先将外侧车道绕外边缘旋转,与此同时,内侧车道随中线的降低而相应降低,待达到单向横坡后,整个断面仍绕外侧车道边缘旋转,直至达到超高横坡度。路基外缘标高受限制或路容美观有特殊要求时可采用此种方式。

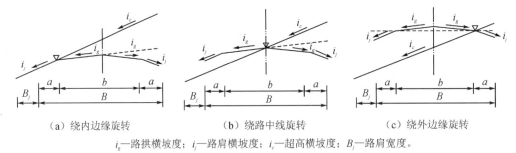

(a)绕内边缘旋转　　　　(b)绕路中线旋转　　　　(c)绕外边缘旋转

i_g—路拱横坡度;i_j—路肩横坡度;i_c—超高横坡度;B_j—路肩宽度。

图2-3 无中间带超高的过渡方式

②有中间带的公路的超高过渡方式。

A.绕中间带的中心线旋转,如图2-4(a)所示。

先将外侧行车道绕中间带的中心旋转,待达到与内侧行车道构成单向横坡后,整个断面一同绕中心线旋转,直至达到超高横坡度,此时中央分隔带呈倾斜状。绕中间带的中心线旋转常用于中间带宽度小于或等于 4.5 m 的公路。

B.绕中央分隔带边缘旋转,如图 2-4(b)所示。

将两侧行车道分别绕中央分隔带边缘旋转,使之各自成为独立的单向超高断面,此时中央分隔带维持原水平状态。各种宽度中间带均可选用此种方式。

C.绕各自行车道中线旋转,如图 2-4(c)所示。

将两侧行车道分别绕各自的中线旋转,使之各自成为独立的单向超高断面,此时中央分隔带边缘分别升高与降低而成为倾斜断面。车道数大于 4 条的公路可采用这种方式。

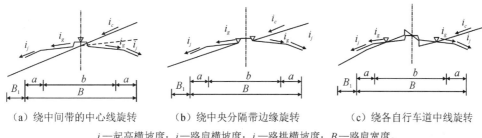

(a)绕中间带的中心线旋转　　(b)绕中央分隔带边缘旋转　　(c)绕各自行车道中线旋转

i_c—起高横坡度;i_j—路肩横坡度;i_g—路拱横坡度;B_j—路肩宽度。

图 2-4　有中间带道路的超高过渡方式

③超高过渡段的设置。

双车道公路超高过渡段长度计算公式为

$$L_c = \frac{B\Delta i}{p}$$

式中:B——转轴至行车道(设路缘带时为路缘带)外侧边缘的宽度,单位为 m;

Δi——超高坡度与路拱坡度的代数差,单位为%;

p——超高渐变率,即旋转轴至行车道外侧边缘线之间的相对坡度。

2.曲线加宽

(1)圆曲线上设置加宽的原因和条件。

①圆曲线上设置加宽的原因。

汽车在曲线上行驶时,前后轮的轨迹半径是不相等的,因此,在车道内侧需要更宽一些的行车道以供后轴内侧车轮的行驶轨迹要求,并且前轴中心的轨迹也有较大的摆动偏移,所以需要加宽曲线上的行车道,以保证车辆行驶安全。

②圆曲线上设置加宽的条件。

《公路工程技术标准》(JTG B01—2014)规定,当平曲线半径小于或等于 250 m 时,应在平曲线内侧设置加宽。

③全加宽值的确定方法。

A.加宽值的计算方法。

根据汽车交会时相对位置所需的加宽值 e_1,设汽车后轴至前保险杠之距为 d,圆曲线半径为 R,有双车道上的加宽值为:

$$e_1 \approx \frac{d^2}{R}$$

根据试验和行车调查,行速引起的汽车摆动幅度的变化值为:

$$e_2 = \frac{0.1v}{\sqrt{R}}$$

则圆曲线上的全加宽值为:

$$B_j = e_1 + e_2 = \frac{d^2}{R} + \frac{0.1v}{\sqrt{R}}$$

有半挂车的汽车,对行车道的加宽要求由牵引车、拖车、汽车摆动幅度的变化值组成,即

$$B_j = \frac{d_1^2}{R} + \frac{d_2^2}{R} + \frac{0.1v}{\sqrt{R}}$$

式中:d_1——牵引车后轴至保险杠前缘的距离;

d_2——拖车后轴至牵引车后轴的距离。

普通汽车的加宽示意如图 2-5 所示。

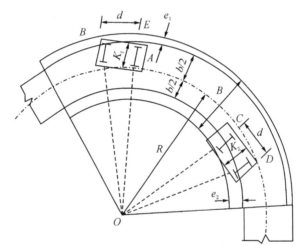

b—普通汽车的加宽值;d—汽车后轴至前保险杠的距离,单位为m;
B—转轴至行车道外侧边缘的宽度,单位为m;K_1—内侧车宽;K_2—外侧车宽。

图 2-5 普通汽车的加宽

B.加宽的规定与要求。

当平曲线半径小于等于 250 m 时,统一在平曲线内侧加宽,双车道的加宽值见表 2-4;四级公路和山岭重丘区的三级公路采用第一类加宽值,其余各级公路采用第三类加宽值;对于不经常通行集装箱运输半挂车的公路,可采用第二类加宽值。

表 2-4 双车道路面加宽值

加宽类型	汽车轴距加前悬/m	圆曲线半径/m							
		250～200	<200～150	<150～100	<100～70	<70～50	<50～30	<30～25	<25～20	<20～15
1	5	0.4	0.6	0.8	1.0	1.2	1.4	1.8	2.2	2.5
2	8	0.6	0.7	0.9	1.2	1.5	2.0	—	—	—
3	5.2+8.8	0.8	1.0	1.5	2.0	2.5	—	—	—	—

(2)加宽缓和段。

①设置原因。

当圆曲线段设置全加宽时,为了使路面由直线段正常宽度断面过渡到圆曲线段全加宽断面,需要在直线和圆曲线之间设置加宽缓和段,如图 2-6 所示。

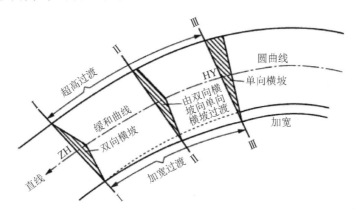

图 2-6 平曲线加宽缓和段

②加宽缓和段的形式。

A.比例过渡。对于二、三、四级公路,采用在加宽缓和段全长范围内按其长度成正比例增加的方法,即

$$b_{jx} = \frac{x}{L_j} B_j$$

式中:b_{jx}——缓和段上加宽值;

x——缓和段上任意点至缓和段起点之间的距离;

L_j——加宽缓和段长度;

B_j——全加宽值。

B.高次抛物线过渡。对于高等级公路,采用高次抛物线过渡形式,即

$$b_{jx} = (4k^2 - 3k^4) B_j$$

式中:k——加宽值参数,$k = \frac{x}{l_h}$。

③加宽缓和段长度的设置。

A.有缓和曲线的平曲线,加宽缓和段应与缓和曲线相同。

B.不设缓和曲线但有超高缓和段的平曲线,可采用与超高缓和段相同的长度。

C.不设缓和曲线又不设置超高缓和段的平曲线,加宽缓和段长度应按渐变率为1/15且长度不小于10 m的要求设置。

2.2.3 行车视距

为了保证行车安全,驾驶员应能随时看到前方一定距离的道路以及道路上的障碍物或对向来车,以便及时制动或绕过。汽车在这段时间内沿道路路面行驶的必需的最短距离,称为行车视距。无论在道路的平面上还是纵断面上,都应保证必要的行车视距。

驾驶员发现障碍物或迎面来车,根据其采取措施的不同,行车视距可分为停车视距、会车视距、超车视距等。

1.停车视距

(1)小客车停车视距。

小客车行驶时,当目高为1.2 m、物高为0.1 m时,驾驶人员自看到前方障碍物时起,至障碍物前能安全停车所需的最短行车距离,即为小客车停车视距(简称停车视距),如图2-7所示。

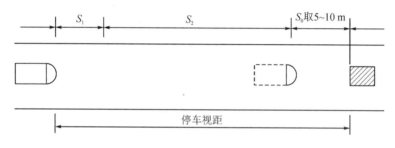

图2-7 停车视距

停车视距由以下三部分组成:①驾驶者在反应时间内行驶的距离;②开始制动到刹车停止所行驶的距离,即制动距离;③安全距离。通常按下式计算

$$S_T = \frac{v_t}{3.6} + \frac{v^2}{254(\varphi \pm i)} + S_0 \qquad (2-6)$$

式中:S_0——安全距离,一般取5~10 m;

φ——纵向摩阻系数,依车速及路面状况而定,一般按潮湿状态考虑不同设计;

i——道路纵坡,上坡为"+",下坡为"−";

t——驾驶者反应时间,取2.5 s(判断时间1.5 s,运行时间1.0 s);

v——行驶速度,当设计速度为80~120 km/h时,采用设计速度的85%;当设计车速为0~40 km/h时,采用设计速度的90%;当设计车速为20~30 km/h时,采用原设计速度。

各级公路每条车道停车视距的规定值见表2-5。

表 2-5 各级公路每条车道的停车视距

设计速度/(km/h)	120	100	80	60	40	30	20
停车视距/m	201	160	110	75	40	30	20

《公路工程技术标准》(JTG B01—2014)规定:高速公路、一级公路采用停车视距;其他各级公路视距一般采用不小于两倍停车视距的长度(即会车视距)。受地形条件或其他特殊情况限制而采取分道行驶措施的地段,可采用停车视距。

(2)货车停车视距。

载重货车行驶时,当目高为 2.0 m、物高为 0.1 m 时,驾驶人员自看到前方障碍物时起,至障碍物前能安全停车所需的最短行车距离即为货车停车视距。尽管货车驾驶者因眼睛位置高,比小客车驾驶者看得更远,但仍需要比小客车更长的停车视距。《公路路线设计规范》(JTG B01—2014)规定,在高速公路、一级公路以及大型车比例高的二级公路、三级公路的下坡路段,采用下坡段货车停车视距对下列相关路段进行视距检验。

下坡段货车停车视距规定见表 2-6。

表 2-6 下坡货车停车视距

	设计速度/(km/h)	120	100	80	60	40	30	20
纵坡坡度/(km/h)	0	245	180	125	85	50	35	20
	3	265	190	130	89	50	35	20
	4	273	195	132	91	50	35	20
	5	—	200	136	93	50	35	20
	6	—	—	139	95	50	35	20
	7	—	—	—	97	50	35	20
	8	—	—	—	—	—	35	20
	9	—	—	—	—	—	—	20

2. 会车视距

两辆对向行驶的汽车能在同一车道上及时刹车所必需的距离,称为会车视距。如图 2-8 所示,会车视距由三部分组成:①双方驾驶者反应时间内行驶的距离;②双方汽车的制动距离;③安全距离。

一般会车视距取停车视距的两倍。

高速公路和一级公路分向分道行驶,不存在会车的问题。对于二、三、四级公路除必须保证会车视距的要求外,还应考虑超车视距的要求。

3. 超车视距

超车视距是指在双车道道路上,当目高为 1.2 m,物高为 1.2 m,后车超越前车过程中,从

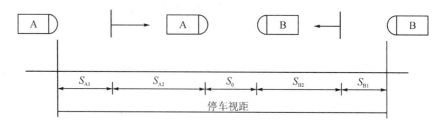

图 2-8 会车视距

开始驶离原车道之处起,至可见对向来车并能超车后安全驶回原车道所需的最短距离,如图 2-9 所示。

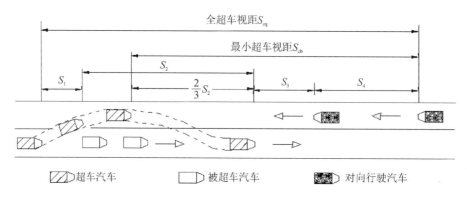

图 2-9 超车视距

(1)加速行驶距离 S_1。

当超车经判断认为有超车的可能时,于是加速驶入对向车道,在驶入对向车道之前的加速行驶距离 S_1 为:

$$S_1 = \frac{v_0 t_1}{3.6} - \frac{a t_1^2}{2}$$

式中:v_0——超车的初速度,单位为 km/h;

t_1——超车加速时间,单位为 s;

a——超车平均加速度,单位为 m/s²。

(2)超车在对向车道行驶的距离 S_2。

$$S_2 = \frac{v t_2}{3.6}$$

式中:v——超车在对向车道上行驶的速度,单位为 km/h;

t_2——超车在对向车道上行驶的时间,单位为 s。

(3)超车完成时,超车与对向汽车之间的安全距离 S_3。

这个距离视超车和对向汽车的行驶速度不同,采用不同的数值,一般取

$$S_3 = (15 \sim 100) \text{m}$$

(4)超车开始加速到超车结束时,对向汽车的行驶距离 S_4。

$$S_4 = \frac{v'(t_1+t_2)}{3.6}$$

式中:v'——对向汽车行驶速度,单位为 km/h。

理想全超车过程为:

$$S_{cq} = S_1 + S_2 + S_3 + S_4$$

超车视距在地形条件困难时可采用

$$S_{cq} = \frac{2}{3}S_2 + S_3 + S'_3$$

式中:S'_3——对向车行驶的距离,按 t_2 的 2/3 行驶时间确定。

由于高速公路和一级公路采用分向分车道行驶,车辆同向行驶不存在会车问题,主要考虑的是停车视距。《公路工程技术标准》(JTG B01—2014)规定了高速公路、一级公路应满足的停车视距的要求,具体见表 2-7。

表 2-7 高速公路、一级公路停车视距

设计速度/(km/h)	120	100	80	60
停车视距/m	210	160	110	75

二、三、四级公路上、下行车道没有分开,混合交通严重,所以我国《公路工程技术标准》(JTG B01—2014)规定二、三、四级公路必须保证会车视距。会车视距长度应不小于停车视距的两倍,见表 2-8。

表 2-8 二、三、四级公路停车视距、会车视距与超车视距

设计速度/(km/h)	80	60	40	30	20
停车视距/m	110	75	40	30	20
会车视距/m	220	150	80	60	40
超车视距/m	550	350	200	150	100

双向行驶的双车道公路应根据需要并结合地形,宜在 3 min 的行驶时间里提供一次满足超车视距要求的超车路段,一般情况下不小于路线总长度的 10%～30%。超车路段的设置应结合地形并力求均匀。

2.2.4 平面线形的组合与衔接

1.平面线形设计的一般原则

(1)平面线形应连续、均衡,并与地形相适应,与周围环境相协调。

(2)各级公路不论转角大小均应设置曲线,并宜选用较大的圆曲线半径。转角过小时,应调整平面线形。若不得已而设置小于7°的转角时,则必须按规定设置足够长的曲线。

《公路路线设计规范》(JTG D20—2017)规定的平曲线最小长度见表2-9,公路转角等于或小于7°时的平曲线长度见表2-10。

表2-9 平曲线最小长度

设计速度/(km/h)		120	100	80	60	40	30	20
平曲线最小长度/m	一般值	600	500	400	300	200	150	100
	最小值	200	170	140	100	70	50	40

表2-10 公路转角小于或等于7°的平曲线长度

公路等级		高速公路			一级公路			二级公路		三级公路		四级公路
设计速度/(km/h)		120	100	80	100	80	60	80	60	40	30	20
平曲线最小长度/m	一般值	$1400/\theta$	$1200/\theta$	$1000/\theta$	$1200/\theta$	$1000/\theta$	$700/\theta$	$1000/\theta$	$700/\theta$	$500/\theta$	$350/\theta$	$280/\theta$
	最小值	200	170	140	170	140	100	140	100	70	50	40

注:表中θ为路线转角值(°)。

(3)六车道及其以上的高速公路同向或反向圆曲线间插入的直线长度,应符合路基外侧边缘超高过渡渐变率规定的要求。

(4)设计速度等于或小于40 km/h的双车道公路,两相邻反向圆曲线无超高时可径向衔接,无超高有加宽时应设置长度不小于10 m的加宽过渡段;两相邻反向圆曲线设有超高时,地形条件特殊困难路段的直线长度不得小于15 m。

(5)设计速度等于或小于40 km/h的双车道公路,应避免连续急弯的线形。地形条件特殊、困难不得已而设置时,应在曲线间插入规定的直线长度或回旋线。

2.平面线形的组合与衔接

(1)基本形。

按"直线—回旋线—圆曲线—回旋线—直线"的顺序组合的曲线称为基本形,如图2-10所示。当两回旋曲线的参数值相等,即$A_1=A_2$时,这样的曲线叫作对称基本形,回旋线、圆曲线、回旋线的长度以大致接近为宜。两个回旋线的参数值亦可根据地形条件设计成非对称的曲线,即$A_1 \neq A_2$。回旋线:圆曲线:回旋线的长度之比为1:1:1左右时可使线形比较连续协调,设计时应注意α大于$2\beta_0$。(α为平曲线转角,β_0为缓和曲线切线角)。

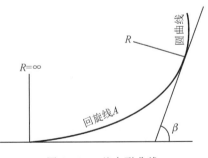

图2-10 基本形曲线

(2)S形曲线。

两反向圆曲线相衔接或插入的直线长度不满足要求时,可用回旋线连接,形成S形曲线,如图2-11所示。两回旋线参数A_1与A_2宜相等。当采用不同的回旋线参数时,A_1与A_2之比应小于2.0,有条件时以小于1.5为宜。

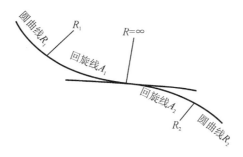

图2-11 S形曲线

当地形条件受限制,必须插入短直线或当两圆曲线的回旋线相互重合时,短直线或重合段的长度应符合如下公式:

$$L \leqslant (A_1+A_2)/40$$

式中:L——反向回旋线间短直线或重合段的长度,单位为m;

$A_1 A_2$——回旋线参数。

两圆曲线半径之比不宜过大,一般可选择$R_2/R_1=1\sim 1/3$。R_1为大圆曲线半径(单位为m),R_2为小圆曲线半径(单位为m)。

(3)卵形曲线。

两同向圆曲线相衔接或插入的直线长度不足时,可用回旋线将两同向圆曲线连接组合为卵形曲线,如图2-12所示。卵形曲线的回旋线参数一般可选择$R_2/2 \leqslant A \leqslant R_1$($R_2$为小圆曲线半径)。两圆曲线半径之比,一般可选择$R_2/R_1=0.2\sim 0.8$。两圆曲线的间距一般可选择$D/R_2=0.003\sim 0.03$($D$为两圆曲线间的最小间距)。

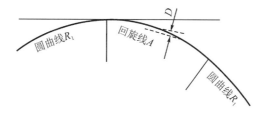

图2-12 卵形曲线

(4)凸形曲线。

受地形条件限制时,可将两同向回旋线在曲率相同处径向衔接组合为凸形曲线,如图2-13所示。凸形曲线只有在路线严格受地形限制且对接点的曲率半径相当大时方可采用。

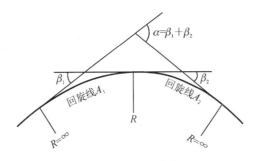

图 2-13 凸形曲线

(5) 复合曲线。

受地形条件限制时,大半径圆曲线与小半径圆曲线相衔接处,可采用两个或两个以上同向回旋线在曲率相同处径向连接组合为复合曲线,如图 2-14 所示。复合曲线可在受地形条件限制或互通式立体交叉的匝道设计中采用。

(6) C 形曲线。

受地形条件或其他特殊情况限制时,可将两同向圆曲线的回旋线曲率为零处径向衔接组合为 C 形曲线,如图 2-15 所示。C 形的线形组合方式只有在特殊地形条件下才可采用。

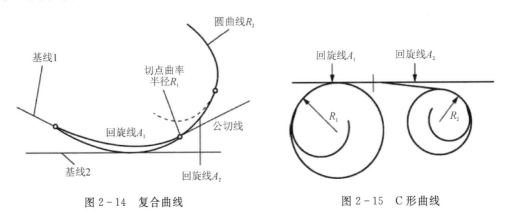

图 2-14 复合曲线　　　　　图 2-15 C 形曲线

2.2.5 公路平面设计成果

1. 直线、曲线及转角表

直线、曲线及转角一览表全面反映路线的平面位置和路线平面线形的各项指标,它是公路设计的主要成果之一。完成该表后才能计算"逐桩坐标表"和绘制"路线平面设计图",同时在公路的纵、横断面和其他构造物设计时都要用本表数据。

2. 逐桩坐标表

逐桩坐标是公路中线每隔一定距离中桩的 x、y 坐标值及方位角。逐桩坐标表就是每隔一段道路的中线坐标值绘成的表格。

3. 路线平面设计图

(1)公路平面设计图。公路平面设计图综合反映路线的平面位置、线形和几何尺寸、人工构造物和重要工程设施的布置及道路与周边环境地形、地物和行政区划的关系等。

公路平面图中应画出沿线的地形、地物、路线位置及里程桩号、断链、平曲线主要桩位与其他交通路线的关系以及县以上境地界等;列出平曲线要素和交点坐标;表示出特大桥、大中桥、隧道、路线交叉位置等;标注水准点、导线点及坐标网格、指北图式等。

(2)城市道路平面设计图。城市道路平面设计图一般应标明路线、规划红线、车行道线、人行道线、停车场、绿化、交通标志、人行横道线、沿线建筑物出入口、各种地上地下管线的起向位置、雨水进水口、窨井等,注明交叉口及沿线里程桩,比例尺一般为 1∶500～1∶1000。

2.3 纵断面设计

2.3.1 纵断面设计的规定和要求

沿着道路中线剖切并展开形成的断面称为路线纵断面。路线纵断面是一条有起伏的三维空间线。纵断面设计主要解决公路线形在纵断面上的位置、形状和尺寸问题。

图 2-16 为路线纵断面示意图。纵断面图设计是道路设计的重要部分,把道路的纵断面图与平面图结合起来就能准确地定出道路在空间中的位置。

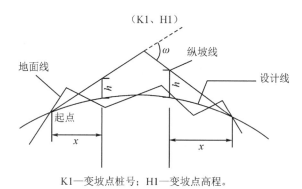

K1—变坡点桩号;H1—变坡点高程。

图 2-16 线路纵断面示意

纵断面图中主要由两部分组成:两条主要的线(地面线和设计线)及文字资料。地面线是根据道路中线上各桩点的高程点绘出的一条不规则的折线,反映沿着道路中线原地面的起伏变化情况;设计线是设计路线上各桩点路基设计高程的线,为一条连续线。

1. 纵坡设计的一般要求

为使纵坡设计经济合理,须在全面掌握勘测资料基础上,结合选(定)线的纵坡安排意图,经过综合分析、反复比较确定出设计纵坡。

纵坡设计必须满足《公路工程技术标准》(JTG B01—2014)的各项规定;为保证车辆能以

一定速度安全顺适地行驶,纵坡应具有一定的平顺性,起伏不宜过大和过于频繁;应对沿线地形、地下管线、地质、水文、气候和排水等综合考虑,视具体情况加以处理,以保证道路的稳定与通畅;平原微丘区地下水埋深较浅或池塘、湖泊分布较广的地区,纵坡除应满足最小纵坡要求外,还应满足最小填土高度要求,保证路基稳定;山岭重丘区纵坡设计时,一般情况下应考虑填挖平衡;对连接段纵坡,如大、中桥引道及隧道两端接线等,纵坡应和缓、避免产生突变;高速公路、一级公路应充分考虑通道、农田水利等方面的要求;低等级公路应注意考虑民间运输、农业机械等方面的要求。

2. 最大纵坡与最小纵坡

(1)最大纵坡。

最大纵坡是指各级道路允许使用的最大坡度值,是纵坡的极限值,在地形起伏较大的地区,它的大小直接影响路线的长短、使用质量、运输成本及工程的经济性。

最大纵坡的确定与车辆类型、计算车速和自然条件有关。由于不同类型的汽车具有不同的动力性能和制动性能,上坡时的爬坡能力和下坡时的制动能力也不同,要求的最大纵坡也不同,所以在确定最大纵坡时应以国产典型载重汽车作为标准车,并保证一定的速度。

①最大纵坡设计标准。

各级公路最大纵坡的规定见表 2-11。

表 2-11 各级公路最大纵坡

设计速度/(km/h)	120	100	80	60	40	30	20
最大纵坡/%	3	4	5	6	7	8	9

位于海拔 2000 m 以上或严寒冰冻地区,四级公路在山岭、重丘区的最大纵坡不应大于 8%。

②高原纵坡折减。

在海拔 3000 m 以上的高原地区,由于空气密度下降而使汽车发动机的功率、汽车的驱动力以及空气阻力降低,导致汽车的爬坡能力下降。同时,由于汽车水箱中的水易于沸腾而破坏冷却系统,为此在高原地区的道路纵坡设计中应适当采用较小的坡度。

《公路路线设计规范》(JTG D20—2017)规定:位于海拔 3000 m 以上的高原地区的各级公路的最大纵坡值应按表 2-12 的规定予以折减,折减后若小于 4%,应采用 4%。

表 2-12 高原纵坡折减

海拔高度/m	3000 至 4000	4000 至 5000	5000 以上
纵坡折减/%	1	2	3

(2)最小纵坡。

最小纵坡是各级公路在特殊情况下允许使用的最小坡度值。

一般情况下，为使公路上汽车速度快、安全和通畅，纵坡越小越好。但是，在长路堑地区或横向排水不利时，为保证排水要求，防止积水渗入路基影响其稳定性，均应设置不小于0.3%的纵坡。

3.坡长限制与缓和坡段

(1)坡长限制。

①最小坡长限制。

如果坡长过短会导致线路中变坡点增多，汽车行驶时会发生增重与减重的频繁变化，行车不舒适，车速越高感觉越明显。《公路工程技术标准》(JTG B01—2014)规定各级公路最短坡长应按表2-13选用。在平面交叉口、立体交叉的匝道以及过水路面地段，最短坡长可不受此限。

表2-13 最小坡长

设计速度/(km/h)	120	100	80	60	40	30	20
最小坡长/m	300	250	200	150	120	100	60

②最大坡长限制。

最大坡长限制是指车速下降到最低容许速度时所需要的距离，主要用于下坡。坡长的影响同最大纵坡的影响要从理论上确切计算由希望速度到允许速度的最大坡长是困难的，必须结合试验调查资料综合海拔高度、装载、油门开启程度、滚动阻力系数及挡位等研究后确定。

《公路路线设计规范》(JTG D20—2017)规定：各级公路不同纵坡时的最大坡长可按表2-14选用。

表2-14 不同纵坡的最大坡长　　　　　　单位：m

设计速度/(km/h)		120	100	80	60	40	30	20
纵向坡度/%	3	900	1000	1100	1200			
	4	700	800	900	1000	1100	1100	1200
	5	—	600	700	800	900	900	1000
	6	—	—	500	600	700	700	800
	7	—	—	—	—	500	500	600
	8	—	—	—	—	300	300	400
	9	—	—	—	—	—	200	300
	10	—	—	—	—	—	—	200

(2)缓和坡段。

在纵断面设计中，当连续纵坡的长度大于限制最大坡长的规定值时应安排一段缓坡，用以恢复在陡坡上降低的速度。同时，从下坡安全考虑，也是需要缓坡的。

《公路工程技术标准》(JTG B01—2014)规定缓和坡段的纵坡应不大于3%，其长度不小于最短坡长,设置缓和坡段应结合纵向地形起伏情况,尽量减少填挖方工程数量。一般情况下,缓和坡段宜设置在平面中的直线或较大半径的平曲线上,以便充分发挥缓和坡段的作用,提高整条道路的使用质量。在必须设置缓和坡段而地形困难的地段,可以将缓和坡段设于半径比较小的平曲线上,同时应适当增加缓和坡段的长度,以使缓和坡段端部的竖曲线位于该小半径平曲线之外。

4.合成坡度与平均纵坡

(1)合成坡度。

由路线纵坡与超高横坡或路拱横坡组合而成的坡度称为合成坡度,如图2-17所示。

合成坡度的计算公式为:

$$I = \sqrt{i_b{}^2 + i^2}$$

式中:I——合成坡度,单位为%;

i_b——超高横坡度或路拱横坡度,单位为%;

i——路线设计纵坡坡度,单位为%;

i_c、i_z——主线纵坡(不同方向);

i_h——主线横坡。

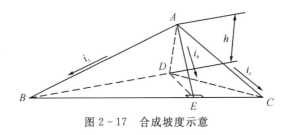

图2-17 合成坡度示意

合成坡度的方向即流水线方向,合成坡度必须在一定范围之内,以防止因合成坡度过大而引起的横向滑移和行车危险,从而保证车辆在弯道上安全运行。表2-15为各级公路最大允许合成坡度规定值。在冬季路面有积雪结冰的地区,要求合成坡度必须小于8%。

表2-15 公路最大合成坡度

公路等级	高速公路			一级公路			二级公路		三级公路		四级公路
设计速度/(km/h)	120	100	80	100	80	60	80	60	40	30	20
合成坡度值(%)	10.0	10.0	10.5	10.0	10.0	10.5	9.0	10.0	9.5	10.0	10.0

为了保证路面排水,《公路路线设计规范》(JTG D20—2017)规定合成坡度的最小值不宜小于0.5%,特别在超高过渡段,合成坡度小于0.5%时,应采取综合排水措施,以保证排水通畅。

(2)平均纵坡。

在公路设计中,平均纵坡是指一定长度的路段纵向所克服的高差与路线长度之比,是一个宏观指标。《公路工程技术标准》(JTG B01—2014)规定二、三、四级公路越岭路线连续上坡(或下坡)路段,相对高差为200~500 m时,平均纵坡不应大于5.5%;相对高差大于500m时,平均纵坡不应大于5%。注意任意连续3 km路段的平均纵坡不宜大于5.5%。

2.3.2 竖曲线设计

1.竖曲线的线形及作用

纵断面上相邻两条纵坡线相交形成变坡点,其相交角用转坡角表示。为了行车平顺、舒适,在相邻两条纵坡线相交的转折处,用一段曲线来缓和,这条连接两纵坡线的曲线叫作竖曲线。

竖曲线的形状,通常采用平曲线或二次抛物线。为方便设计和计算,竖曲线一般采用二次抛物线形式。当竖曲线转坡点在曲线上方时为凸形竖曲线,反之为凹形竖曲线。

竖曲线的主要作用如下:

(1)具有缓冲作用。若无竖曲线,只有折线,汽车行驶在变坡点时会有冲击。

(2)保证公路纵向的行车视距。凸形竖曲线减少纵坡变化产生的盲区;凹形竖曲线可增加下穿路线的视距。

(3)平竖曲线的良好组合,有利于提高路面排水和改善行车的视线诱导以及舒适感。

2.竖曲线要素计算

竖曲线要素计算如图2-18所示。

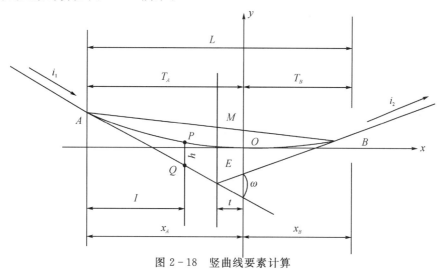

图2-18 竖曲线要素计算

设相邻两纵坡坡度分别为i_1和i_2,则相邻两坡度的代数差即转坡角为$\omega=i_1-i_2$,其中i_1、i_2为本身之值,当上坡时取正值,下坡时取负值。当i_1-i_2为正值时,则为凸形竖曲线;当i_1-i_2为负值时,则为凹形竖曲线。

我国采用的是二次抛物线形作为竖曲线的常用形式,其基本方程为

$$x^2=2Py \tag{2-7}$$

如图2-18所示,若取抛物线顶点处的曲率半径为R,则有

$$x^2 = 2Ry$$

$$y = \frac{x^2}{2R}$$

竖曲线上任一点 P 的斜率（通过该点的斜线的坡度）为

$$i_P = \frac{d_y}{d_x} = \frac{x}{R} \tag{2-8}$$

(1) 竖曲线长度 L。

纵断面设计中竖曲线长度是指两点间的水平距离。其公式为

$$L = R(i_1 - i_2) = R\omega \tag{2-9}$$

(2) 竖曲线切线长 T。

$$T = T_A = T_B \approx L/2 = \frac{R\omega}{2} \tag{2-10}$$

(3) 竖曲线上任一点的竖距 h。

$$h = PQ = y_p - y_q = \frac{1}{2R}(x_A - L)^2 - (y_A - Li_1) = \frac{L^2}{2R} \tag{2-11}$$

(4) 竖曲线的外距 E。

$$E = \frac{T^2}{2R} \tag{2-12}$$

(5) 竖曲线上任意点至相应切线的距离 y。

$$y = \frac{x^2}{2R} \tag{2-13}$$

式中，x——竖曲任意点至竖曲线起点（终点）的距离，单位为 m；

　　　R——竖曲线的半径，单位为 m。

3. 竖曲线的设计要求

(1) 竖曲线极限最小半径的确定。

①凹形竖曲线。

凹形竖曲线设计从缓和冲击、夜间行驶前灯照射距离、跨线桥下视距要求等几方面来考虑。汽车在凹形竖曲线上行驶时，由于离心力的作用产生增重，半径越小，离心力越大，因此，应控制离心力不致过大来限制竖曲线极限最小半径；对地形起伏较大地区的路段，在夜间行车时，若半径过小，前灯照射距离过短，则无法保证行车速度和安全。

②凸形竖曲线。

凸形竖曲线设计从缓和冲击、满足纵面行车视距来考虑。汽车在凸形竖曲线上行驶时容易产生失重，所以确定竖曲线半径时，对离心力要加以控制。如果竖曲线半径太小，会阻挡司机的视线。为了行车安全，对凸形竖曲线的最小半径和最小长度应加以限制。

《公路工程技术标准》(JTG B01—2014)规定了各级公路的凹形竖曲线和凸形竖曲线的极限最小半径，见表 2-16。

(2)竖曲线一般最小半径。

通常为了使行车有较好的舒适条件,设计时多采用大于极限最小半径1.5~2.0倍,该值为竖曲线一般最小半径。《公路工程技术标准》(JTG B01—2014)规定了各级公路的凸形和凹形竖曲线一般最小半径,见表2-16。

表2-16 公路竖曲线一般最小半径和竖曲线最小长度

设计速度/(km/h)		120	100	80	60	40	30	20
凸形竖曲线半径/m	极限最小值	11000	6500	3000	1400	450	250	100
	一般最小值	17000	10000	4500	2000	700	400	200
凹形竖曲线半径/m	极限最小值	4000	3000	2000	1000	450	250	100
	一般最小值	6000	4500	3000	1500	700	400	200
竖曲线最小长度/m		100	85	70	50	35	25	20

(3)竖曲线最小长度。

与平曲线相似,当坡度角较小时,即使有较大的竖曲线半径,竖曲线长度仍较短,这样会使司机产生急促的变坡感觉。因此,在竖曲线设计时,不但要保证竖曲线半径要求,还必须满足竖曲线最小长度规定。我国按照汽车在竖曲线上以设计速度行驶3 s的行程控制竖曲线最小长度。各级公路的竖曲线最小长度见表2-16。

4.竖曲线的设计和计算

(1)竖曲线设计的一般要求。

①竖曲线设计应选用较大的曲线半径,在不过分增加工程量的前提下,通常做法是采用大于竖曲线一般最小半径的半径值,尤其是当坡度差较小时,更应选择大半径,以利于视觉和路容美观。

②同向竖曲线应避免出现断背曲线,特别是两同向凹形竖曲线间如果直线坡段不长,应合并为单曲线或复曲线形式的竖曲线。

③反向竖曲线间最好设置一段直线坡段,直线坡段的长度一般不小于设计速度的3 s行程,以使汽车从失重(或增重)过渡到增重(或失重)之间有一个缓和段。

④竖曲线设置应满足排水需要。

(2)竖曲线计算。

竖曲线计算就是确定设计纵坡上指定桩号的路基设计标高,其计算步骤如下。

①计算竖曲线的基本要素为竖曲线长 L、切线长 T、外距 E。

②计算竖曲线起终点的桩号。

$$竖曲线起点的桩号=变坡点的桩号-T$$

$$竖曲线终点的桩号=变坡点的桩号+T$$

③计算竖曲线上任意点切线标高及改正值。

$$切线标高 = 变坡点的标高 \pm (T-x) \times i$$

$$改正值: y = \frac{x^2}{2R}$$

式中：T——外距；

i——纵坡度；

$T-x$——距转点桩的距离。

④计算竖曲线上任意点设计标高。

某桩号在凸形竖曲线的设计标高 = 该桩号在切线上的设计标高 $-y$

某桩号在凹形竖曲线的设计标高 = 该桩号在切线上的设计标高 $+y$

2.3.3 公路平面与纵断面的结合

公路线形是空间三维线形，可由平面线形和纵面线形组合得到。公路平面与纵面线形组合设计是指在满足汽车运动学和力学要求的前提下，结合地形、地物、景观、视觉和经济性，研究满足驾驶员在视觉和心理方面的连续性、舒适性并与周围环境相协调的需要，从而达到汽车行驶安全、舒适、快速和经济的目的。

1. 组合设计原则

(1)在视觉上自然地诱导驾驶员的视线，并保持视觉的连续性。

(2)注意保持平、纵线形的技术指标大小均衡，使线形在视觉上、心理上保持协调。通常，平曲线半径如果大于 1000 m，竖曲线的半径大约为平曲线的 10~20 倍时即可达到平衡。

(3)选择组合得当的合成坡度，以利于路面排水和行车安全。

(4)注意线形与自然环境和景观的配合与协调。

2. 平曲线与竖曲线的组合

(1)平曲线与竖曲线应相互重合，且平曲线应稍长于竖曲线。

①平竖曲线顶点重合，且平曲线包竖曲线。

这种组合是使平曲线和竖曲线对应，最好使竖曲线的起点、终点分别放在平曲线的两个缓和曲线内，平曲线稍长于竖曲线，这是平纵面最好的组合。

为了便于实际应用，可把平曲线与竖曲线的组合形象地进行表示，如图 2-19 所示。

(2)若做不到平、竖曲线较好组合（顶点的重合），则可把平竖曲线分开相应距离（不小于 3 s 行程），使平曲线位于直坡段或竖曲线位于直线上。

(3)平曲线与竖曲线大小应保持均衡。

平曲线半径较大时，竖曲线半径相应也要大，反之亦然。根据有关经验计算显示，若平曲线半径小于 1000 m，竖曲线半径大约为平曲线半径的 10~20 倍时，方可达到均衡的目的。

(4)平、竖曲线应避免的组合。

①计算行车速度≥40 km/h 的道路，应避免在凸形竖曲线顶部或凹形竖曲线底部插入小半径的平曲线，前者失去诱导视线的作用，驾驶员须接近坡顶才发现平曲线，导致不必要的减

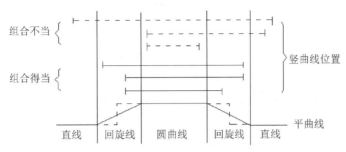

图 2-19 平曲线与竖曲线的组合

速或交通事故。

②凸形竖曲线的顶部或凹形竖曲线的底部不得与反向平曲线的拐点重合。

③小半径竖曲线不宜与缓和曲线相重叠。

3. 直线与纵断面的组合

(1)平面直线与纵面直线组合。

平面的长直线与纵面的直坡线配合,对双车道道路超车方便,在平坦地区易与地形相适应。从视觉心理分析来看,由于这种线形单调乏味,行车中视景无变化,易使司机产生疲劳。

(2)平面直线与竖曲线组合。

直线上有一次变坡是较好的平、纵组合,从美学观点讲以包括一个凸形竖曲线为好,而包括一个凹形竖曲线次之;直线中短距离内有二次以上变坡会形成反复凸凹的"驼峰"和"凹陷",看上去线形既不美观也不连贯,会使驾驶员的视线中断。因此,只要路线有起有伏,就不应采用长直线,最好使平面路线随纵坡的变化略加转折,并把平、竖曲线合理地组合,但是要避免驾驶员一眼能看到路线方向转折两次以上或纵坡起伏三次以上。

4. 平、纵线形组合与景观的协调配合

应注意线形与自然环境和景观的配合和协调,以减轻驾驶员的疲劳和紧张程度。特别是在路堑地段,要注意路堑边坡的美化设计。

2.3.4 纵断面设计成果

纵坡设计主要是在综合考虑工程技术和工程经济的基础上,确定路线合适的高程、各坡段的纵坡度和坡长的工作。

1. 纵坡设计方法、步骤及注意事项

(1)纵坡设计方法与步骤。

①准备工作。纵坡设计以前,应根据中桩和水准记录按比例标注里程桩号和标高,点绘出地面线;绘出平面直线与平曲线资料,以及沿线土壤地质说明资料;将桥梁、涵洞、地质土质等与纵断面设计有关的资料在纵断面图纸上标明;熟悉全线有关勘测设计资料,领会设计意图和设计要求。

②标注控制点。影响纵坡设计的高程点都是控制点。

③试坡。在已标出控制点的纵断面图上,对各种可能坡度线方案反复比较,最后确定出既符合技术标准,又满足控制点要求,且土石方最省的坡度线,将前后坡度线延长交会出变坡点的初定位置。

④调坡。调坡时应结合选线意图,将试坡线与选线时所考虑的坡度进行比较,两者应基本相符。

⑤核对。选择有控制意义的重点横断面,根据纵断面图上对应桩号填挖的高度,在横断面图上"戴帽"检查是否存在填挖过大、坡脚落空或过远、挡土墙过大等情况,若有问题应及时调整纵坡线。

⑥定坡。纵坡线经调整核对后,即可确定纵坡线。

(2)纵坡设计应注意的问题。

①设置回头曲线地段,拉坡时应按回头曲线技术标准先定出该地段的纵坡,然后从两端接坡,应注意在回头曲线地段不宜设竖曲线。

②小桥涵允许设在斜坡地段或竖曲线上;为保证行车平顺,应尽量避免在小桥涵处出现驼峰式纵坡。

③大、中桥上不宜设置竖曲线,桥头两端竖曲线的起终点应设在桥头 10 m 以外。

④拉坡时如受控制点制约,导致纵坡起伏过大,或土石方工程量太大,经调整仍难以解决时,可用纸上移线的方法修改原定纵坡线。

⑤注意平面交叉口纵坡及两端接线要求。公路与公路交叉时一般宜设在水平坡段,其长度应不小于最短坡长规定。两端接线纵坡应不大于 3%,山区工程艰巨地段不大于 5%。

⑥对连接段纵坡,如大、中桥引道及隧道两端接线等,纵坡应平缓,避免产生突变。

2. 纵断面设计成果

纵断面设计成果,主要包括路线纵断面图和路基设计表。

(1)纵断面图的内容。

①桩号里程、地面高程与地面线、设计高程与设计线、施工填挖值;

②设计线的纵坡度及坡长;

③竖曲线及其要素、平曲线资料;

④设计排水沟沟底线及坡度、距离、高程、流水方向,土壤地质情况;

⑤沿线桥涵及人工构造物的位置、结构类型、孔数及孔径;

⑥与铁路、公路交叉的桩号及路名;

⑦沿线跨越河流名称、桩号、常水位及最高洪水位;

⑧水准点位置、编号和高程;

⑨断链桩位置、桩号及长短链关系。

(2)路基设计表。

路基设计表是公路设计文件的组成内容之一,它是平、纵、横等主要测设资料的综合。表中填列的所有整桩、加桩及填挖高度、路基宽度(包括加宽)、超高值等有关资料,是路基横断面设计的基本数据,也是施工的依据之一。

2.4 横断面设计

公路横断面图指公路中线的法线方向剖面图。公路横断面图是由横断面设计线和地面线所构成的,其中横断面设计线包括行车道、路肩、分隔带、边沟边坡、截水沟、护坡道以及取土坑、弃土堆、环境保护等设施。高速公路和一级公路上还有变速车道、爬坡车道等,而横断面中的地面线是表征地面起伏变化的线,它是通过现场实测或由大比例尺地形图、航测相片、数字地面模型等途径获得的。公路横断面设计是根据行车对公路的要求,结合当地的地形、地质、气候、水文等自然因素,确定横断面的形式、各组成部分的位置和尺寸,设计的目的是保证足够的断面尺寸、强度和稳定性,使之经济合理,同时为路基土石方工程数量计算、公路的施工和养护提供依据。

2.4.1 标准横断面与典型横断面

1.标准横断面

高速公路和一级公路的路基横断面上下行用中央分隔带分开,其横断面由行车道、中间带、路肩以及紧急停车带、爬坡车道、变速车道等组成,如图 2-20(a)所示。

二、三、四级公路的路基横断面由行车道、路肩以及错车道组成,如图 2-20(b)所示《公路工程技术标准》(JTG B01—2014)规定的路基宽度、行车道宽度见表 2-17、表 2-18。

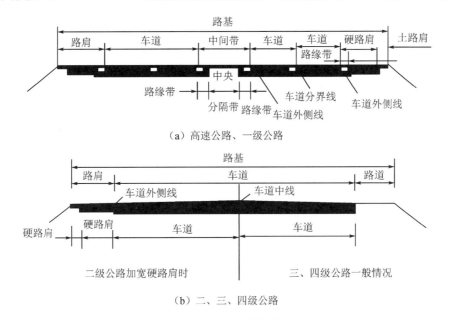

(a) 高速公路、一级公路

(b) 二、三、四级公路

图 2-20 标准横断面图

表 2-17 高速公路、一级公路道路宽度、行车道宽度

公路等级	高速公路、一级公路								
设计速度/(km/h)	120			100			80		60
车道数	8	6	4	8	6	4	6	4	4
路基宽度/m 一般值	45.00	34.50	28.00	44.00	33.50	26.00	32.00	24.50	23.00
路基宽度/m 最小值	45.00	—	26.00	41.00	—	24.50	—	21.50	20.00

注:"一般值"为正常情况下的采用值;"最小值"为条件受限制时可采用值。

表 2-18 二、三、四级公路道路宽度

公路等级		二级公路、三级公路、四级公路				
设计速度/(km/h)		120	100	80	60	
车道数		2	2	2	2	2 或 1
路基宽度/m	一般值	12.00	10.00	8.50	7.50	6.50(双车道) 4.50(单车道)
	最小值	10.00	8.50	—	—	—

八车道高速公路路基宽度"一般值"为设置左侧硬路肩、内侧车道采用 3.5 m 时的宽度;八车道高速公路路基宽度"最小值"为不设置左侧硬路肩、内侧车道采用 3.75 m 时的宽度。

一般情况下采用图 2-17 中的"一般值",只有在地形特别困难和其他特殊情况限制时,局部路段才能使用"最小值"。

2. 典型路基横断面

为了满足行车的要求,路线设计标高有些部分高出地面,需要填筑;有些部分低于原地面,需要开挖。因此,路基横断面形状各不相同,根据填挖情况将路基横断面分为路堤、路堑、填挖结合路基及零填零挖路基四种典型类型。

(1)路堤。

高于原地面的填方路基称为路堤。路堤在结构上分为上路堤和下路堤。上路堤是指路面底面以下 0.80~1.50 m 范围内的填方部分;下路堤是指上路堤以下的填方部分,是填方路基横断面的基本形式。

按其填土高度,路堤可进行以下划分:填土高度低于 1~1.5 m 的路堤属于矮路堤,填土高度在 1.5~20 m 范围内的路堤属于一般路堤,填土高度超过 20 m 的路堤属于高路堤。各种形式的路堤横断面图如图 2-21 所示。

(2)路堑。

低于原地面的挖方路基称为路堑。如图 2-22 所示是挖方路基的基本形式。典型路堑为全挖断面,路基两边需设置边沟。陡峻山坡上的半路堑,因填方有困难,为避免局部填方,可挖成台口式路基。在整体坚硬的岩层上,为节省土石方工程,有时可采用半山洞路基,但要确保

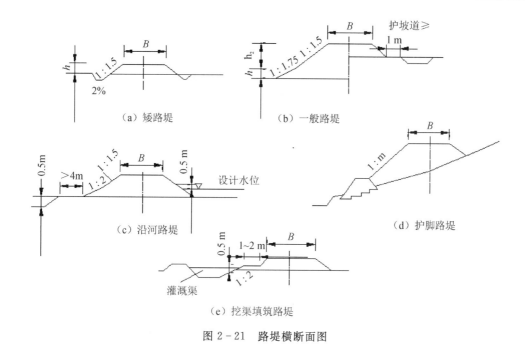

图 2-21 路堤横断面图

安全可靠,不得滥用。

路堑因低于天然地面,所以通风和排水不畅。路堑是在天然地面上开口而成的,其土石性质和地质构造取决于所处地的自然条件。路堑开挖破坏了原地层的天然平衡状态,所以路堑的病害比路堤多,设计和施工时除要特别注意做好路堑的排水工作外,还应对其边坡的稳定性予以充分的考虑。

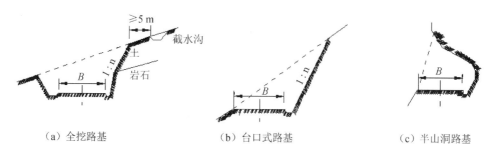

图 2-22 挖方路基横断面的基本形式

(3)填挖结合路基。

填挖结合路基是路堤和路堑的综合形式,主要设置在较陡的山坡上,其基本形式如图 2-23 所示。填挖结合路基的特点是移挖作填,节省土石方。如果处理得当,填挖结合路基可以使路基更加稳定可靠,是一种比较经济的路基断面形式。

原地面的横坡度关系到填挖结合路基横断面的形式和稳定性,填方部分在自重力作用下有可能沿原地面下滑。为使填方部分与原地面较好地结合,增强接触面的抗滑能力,要求在填

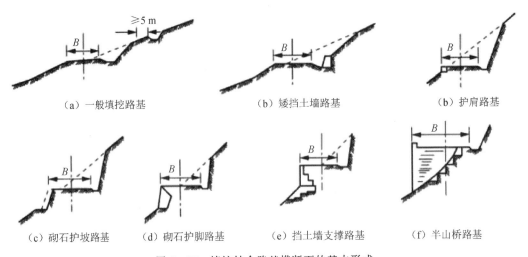

(a) 一般填挖路基　　(b) 矮挡土墙路基　　(b) 护肩路基

(c) 砌石护坡路基　　(d) 砌石护脚路基　　(e) 挡土墙支撑路基　　(f) 半山桥路基

图 2-23　填挖结合路基横断面的基本形式

筑之前,清除松土和杂草,拉毛原地面。当原地面陡于 1:5 时,填方部分的基底应挖成台阶,台阶宽度不得小于 1 m,台阶应有 2%～4% 向内倾斜的坡度;当填方边坡不易填筑或占地太多时,可根据实际情况,利用废石修筑路肩、砌石及挡土墙等支挡建筑物,形成各种形式的填挖结合路基。填挖结合路基兼有路堤和路堑的设置要求。路基边坡参照现有道路边坡或天然边坡拟定。

(4) 不填不挖路基。

不填不挖路基是指原地面与路基标高相同构成的路基横断面的一种特殊形式,其基本形式如图 2-24 所示。这种路基虽然节省土石方,但对排水非常不利,且原状土密实程度往往不能满足要求,容易发生水淹、雪埋、沉陷等灾害,因此应尽量少用或不用该类路基,干旱的平原区和丘陵区、山岭区的山脊线方可考虑采用。

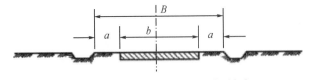

B—路基宽度;a—路肩宽度;b—路面宽度。

图 2-24　不填不挖路基横断面的基本形式

2.4.2　路基边坡坡度与附属设施

1. 路基边坡坡度

路基边坡坡度是以边坡高度 H 与边坡宽度 b 之比来表示的,通常将边坡高度 H 定为 1,b 与 H 的比值是几这个坡度就是 1 比几,写成 $1:m$ 或 $1:n$。如图 2-25 所示。

一般路堤边坡坡度应根据填料的物理力学性质、边坡高度和工程地质条件按表 2-18 确

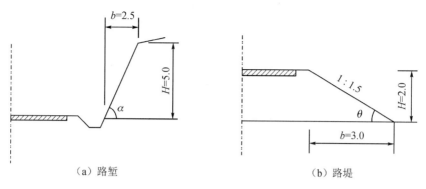

(a) 路堑　　　　　　　　　　　(b) 路堤

图 2-25　路基边坡坡度示意图(单位:m)

定。如边坡高度超过 20 m 时,边坡形式宜采用阶梯形,并应按高路堤另行设计。沿河受水浸淹路基的边坡坡度,在设计水位以下部分视填料情况可采用 1:1.75～1:2.0,在常水位以下部分可采用 1:2～1:3。如用渗水性好的土填筑或设边坡防护时,可采用较陡的边坡。

表 2-18　路堤边坡坡率

填料种类	边坡坡率	
	上部高度($H \leqslant 8$ m)	下部高度($H \leqslant 12$ m)
细粒土	1:1.5	1:1.75
粗粒土	1:1.5	1:1.75
巨粒土	1:1.5	1:1.75

土质路堑边坡坡度应根据工程地质与水文地质条件、边坡高度、排水措施、施工方法,并结合自然稳定山坡和人工边坡的调查及力学分析综合确定,边坡常见形式如图 2-26 所示。

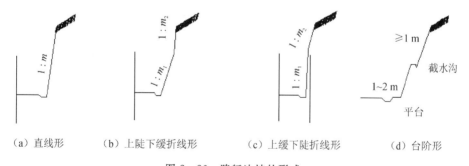

(a) 直线形　　(b) 上陡下缓折线形　　(c) 上缓下陡折线形　　(d) 台阶形

图 2-26　路堑边坡的形式

路堑边坡高度不大于 20 m 时,边坡坡度不宜大于表 2-19 的规定值。

表 2-19　土质挖方边坡坡度

土的类别		边坡坡度
黏土、粉质黏土、塑性指数大于 3 的粉土		1∶1
中密以上的中砂、粗砂、砾砂		1∶1.5
卵石土、碎石土、圆砾土、角砾土	胶石和密实	1∶0.75
	中密	1∶1

岩石路堑边坡应根据工程地质条件与水文地质条件、边坡高度、施工方法，结合自然边坡和人工边坡的调查综合确定。边坡高度不大于 30 m 时，无外倾软弱结构面的边坡坡度可按表 2-20 确定。

表 2-20　岩石路堑边坡坡度

边坡岩体类型	风化程度	边坡坡度	
		$H<15$ m	15 m$\leq H<$30 m
Ⅰ类	未风化、微风化	1∶01～1∶0.3	1∶0.1～1∶0.3
	弱风化	1∶0.1～1∶0.3	1∶0.3～1∶0.5
Ⅱ类	未风化、微风化	1∶0.1～1∶0.3	1∶0.3～1∶0.5
	弱风化	1∶0.3～1∶0.5	1∶0.5～1∶0.75
Ⅲ类	未风化、微风化	1∶0.3～1∶0.5	—
	弱风化	1∶0.5～1∶0.75	—
Ⅳ类	弱风化	1∶0.5～1∶1	—
	强风化	1∶0.75～1∶1	—

注：有可靠的资料和经验时，可不受本表限制；Ⅳ类强风化包括各类风化程度的极软岩。

2.路基工程的附属设施

路基工程的附属设施主要有取土坑、弃土堆、护坡道、碎落台、堆料坪、错车道及护栏等，这些设施也是路基设计的组成部分，对保证路基稳定和交通安全具有重要作用。

(1)取土坑。

路基填方应根据土石方填挖平衡原则，尽量从挖方取土，如需从取土坑借方时，应对取土坑作出规划设计。取土坑应尽量设在荒坡、高地上，少占农田，并与农业、水利和环保部门紧密联系，协调发展。

取土坑纵坡不小于 0.5%，横坡度 2%～3%，并向外侧倾斜。取土坑边坡一般不宜陡于 1∶1.0，靠路基一侧不宜陡于 1∶1.5。

填方路基设置路侧取土坑时，路基边缘与取土坑之高差大于 2 m 时，应设置护坡道，对于一般道路，护坡道宽度为 1～2 m，高速公路和一级公路，护坡道不小于 3 m。

(2)弃土堆。

路基弃土应作规划设计，与当地农田建设和自然环境相结合，利用弃土改地造田。山坡弃土应注意避免破坏或掩埋下侧林木农田,沿河弃土应防止河床堵塞或引起水流冲毁农田房屋等。

弃土堆一般就近设在低地,或弃于地面下坡一侧。弃土堆宜堆成梯形横断面,边坡不大于1∶1.5,弃土堆坡脚与路堑堑顶之间的距离一般为3~5 m,路堑边坡较高,土质较差时应大于5 m。

(3)护坡道和碎落台。

护坡道的作用是保护路基边坡。护坡道一般设在路堤坡脚或挖方坡脚处。边坡较高时亦可设在边坡上方或挖方边坡的变坡处。浸水路基的护坡道可设在浸水线以上的边坡上。护坡道宽度 d 至少为1.0 m。边坡高度 $h=3\sim6$ m 时,$d=2$ m;$h=6\sim12$ m 时,$d=2\sim4$ m。护坡道应平整密实,并做成1‰~2%向外倾斜的横坡。

碎落台设置于挖方边坡坡脚处,位于边沟外缘,有时亦可设在挖方边坡的中间。碎落台可为零星土石块下落时提供临时堆积,以免堵塞边沟,同时可提高边坡的稳定性,兼有护坡道和视距台(弯道)的作用。碎落台的宽度视边坡高度和土的性质而定,一般至少应留1 m,并做成向边沟2%的横坡。

2.4.3 横断面设计

1.横断面设计方法和步骤

(1)按1∶200的比例绘制横断面地面线。在计算机辅助设计中,可以通过数字化仪或键盘向计算机输入横断面各变化点相对中桩的坐标,由计算机自动绘制。

(2)从路基设计表中抄入路基中心填挖高度,逐桩标注相应中桩的填(T)挖(W)高度、路基宽度,对于有超高和加宽的曲线路段,还应抄入"左高""右高""左宽""右宽"等数据。

(3)根据现场调查资料,标出各断面土石分界线,确定边坡坡度、边沟尺寸和形状。在计算机辅助设计中,由计算机自动设计。

(4)有超高时,按旋转方式绘出超高横坡度的路肩边缘连线;有加宽时,绘出加宽后的左右路肩边缘连线;两者都存在时,应绘出由它们合成的横断面设计线。

(5)根据排水设计需要,画出路基边沟、截水沟、取土坑、挡土墙等横断面设计内容。

(6)分别计算各桩号断面的填方面积(AT)、挖方面积(AW),并标注于图上。

(7)对于特殊路基还应单独设计,绘制特殊路基设计图。

2.横断面设计成果

路基横断面设计的主要成果是"两图两表",即路基横断面设计图、路基标准横断面图、路基设计表与路基土石方计算表。

(1)路基横断面设计图。

路基横断面设计图是路基每一个中桩的横向剖面图,图中应给出地面线与设计线,并标注桩号、施工高度与断面面积。相同的边坡坡度可以只在一个断面上标注。

(2)路基标准横断面图。

路基标准横断面图是路基横断面设计图中所出现的所有路基形式的汇总。它标注出了所有设计线的形状、比例及尺寸,用以指导施工。

(3)路基设计表。

路基设计表是在横断面设计完成后,再填写"边坡""边沟"等栏目的内容。

(4)路基土石方计算表。

根据路基横断面设计图,计算出路基的填挖断面面积,再根据填筑类型和填料划分各个施工段,并采用相应的公式计算得出。

(5)其他成果。

对于特殊情况下的路基(如高填深挖路基、不良地质地段路基等)应单独设计,并绘制特殊路基设计图。图中应标示出地质、防护工程设施及构造物布置大样图。

本章小结

本章首先介绍了平面几何与汽车轨迹特点的关系,然后介绍了道路线路设计的一些基本知识和基本要求,最后对道路纵横断面的组成及设计进行了说明。通过学习可知,在公路设计中应注意各种线形的设置,必须综合考虑行车安全、迅速舒适和经济,并兼顾美观,求出合理的最小半径,以保证满足某种程度的行车要求;同时还应注意设置条件;道路路段、交叉口等应提供良好的通视条件;公路横断面的组成及其各部分尺寸要根据设计交通量、交通组成、设计车速、地形等因素确定。

思考及练习题

1. 路线平面三要素是什么?
2. 什么是极限最小平曲线半径?
3. $v \geq 60$ km/h 时,反向平曲线之间衔接有何要求?同向平曲线之间有何要求?
4. 什么是回旋线?什么是公路缓和曲线?缓和曲线有哪些作用?确定缓和曲线长度应考虑哪些因素?
5. 什么叫变坡点?
6. 为什么要设置爬坡、避险车道?
7. 为什么要进行平曲线加宽设计?
8. 纵断面图组成有哪些?道路竖曲线的表示方法有哪些?
9. 道路超高过渡有哪几种方法?什么叫合成坡度?
10. 道路视距的概念及分类是什么?行车视距不足问题易出现的路段有哪些?
11. 已知某交点 JD 的里程为 $K2+968.43$,测得转角 α 右 $=340°12'$,半径 $R=200$ m,求曲线测设元素及主点里程。

第 3 章　路基设计及施工

教学目标：

认识路基横断面形式及稳定性分析；

识读路基过程施工图，完成路基施工准备工作、路基施工放样、现场组织路基工程施工等典型工作任务；

培养学生诚实、守信、善于沟通和合作的品质，吃苦耐劳和客观科学的职业精神。

3.1　路基设计概述

路基是公路工程的重要组成部分，是路面的基础，其强度和稳定性直接影响路面的使用品质。实践证明，路面的损坏往往与路基排水不畅、压实度不够、强度低等有直接关系，而且路基损坏后，修复的难度大、费用高，由此可见，保证路基的稳定性意义重大。首先，路基工程数量大、耗费劳动量大、涉及面广、投资大；其次，路基施工改变了公路沿线原有的自然状态，挖填借弃土石方影响工程所在地的生态平衡、水土保持和农田水利；再次，路基后期使用养护期较长。因此，路基设计是一个系统工程，其设计和施工应严格按照国家新颁布的有关路基设计和施工的规范和标准，因地制宜地进行精心设计、精心施工，以确保路基具有足够的强度和稳定性，同时兼顾路基的养护、路基的绿化，以加强对社会环境和生态环境的保护。

3.1.1　路基设计基础知识

1.路基工程与相关工程项目的关系

（1）路基设计与路线设计的关系。

公路平、纵横线形的确定，不能仅仅考虑线形的优劣，必须同时考虑路基的稳定条件、工程施工的难易、土石方数量的大小和占用农田多少等因素。特别是路线通过山岭地区的工程困难地段或不良地质地段，更需要注意路线路基的协调配合。因此，路基设计与路线设计是相辅相成的。合理选定平面线位，可以避开地质不良地段和工程数量巨大地段，在保证路基稳定的同时又减少工程数量，节约工程投资；在路线线位受地形条件约束较大时，譬如难以绕避地质不良地段和工程数量巨大地段，可以通过合理的路基设计，作出恰当的处理。

（2）路基工程与路面的关系。

路基的强度和稳定性是保证路面强度和稳定性的基本条件，提高路基的强度与稳定性，就可以减小路面的厚度、降低路面的造价。特别是当前公路交通量迅速增长，公路等级需要提高,采用高级路面的公路势必会增加,从而对路基强度与稳定性的要求也就更高。因此,路基设计与路面设计应综合考虑。

(3)路基工程与桥涵工程的关系。

桥头引道路基同桥位选设和桥梁孔径关系密切,其勘测与设计两者应相互配合。路基与涵洞等结构物也应该恰当配合。所以,在进行路线纵断面设计时,应慎重考虑路基与桥涵在平面布置和标高协调等方面的关系。处于河滩的桥头引道路基还应进行路基的稳定性设计和验算。

2.路基设计要考虑的因素

路基暴露在自然环境中,其强度和稳定性取决于其所处的地理环境和设计、施工质量的好坏。因此,在进行路基设计前,应深入调查公路沿线的自然条件,从整体到局部、从全线所属区域到具体路段收集地质资料和气象资料,并据此研究分析有关的自然因素变化规律,以及其对路基强度和稳定性的影响,从而采取适宜的工程技术措施,以进行正确的设计施工和养护。

(1)影响路基稳定性的自然因素。

①地形条件。

在山岭区进行公路平面线形选线设计时,由于受地形条件的限制,为满足相应的技术指标和线形协调条件,平面调整线位的空间相对较小,容易忽视地形对后期路基设计的影响。

后期路基设计时很容易出现排水设计困难,雨季到来时,由于排水不畅容易导致路基的强度和稳定性降低,出现路基沉降变形,受地面径流冲刷,出现山体滑坡或边坡滑塌使路基失稳。

在平原地区,由于平面线位布设的灵活性较大,容易满足平面线形指标,但由于地势平坦、降雨容易积聚、地下水位较高,使路基湿软,失去承载力。因此,路基需要满足一定的最小填土高度,特别是平面线位通过低洼地带、路基的稳定性受地下水影响较大的地方。

②气候条件。

气候条件包括气温降水、湿度、冰冻深度、日照时间、年蒸发量、风向和风力等都会影响路基的水温状况,在路线选线和路基设计时应特别注意。

③水文和水文地质条件。

水文条件包括地面径流、河流常水位、洪水位、河道排泄条件、地面有无积水、积水期的长短以及河岸的冲刷和淤积情况等。水文地质条件包括地下水位、地下水移动情况、有无泉水层间水等。所有这些都会影响路基的稳定性,如设计和施工处理不好,就会导致路基使用阶段出现病害。

④土的性质。

土是建筑路基和路面的基本材料,影响路基的形状、尺寸和强度。土的性质,视其类别而定,不同的土具有不同的工程性质。

土颗粒粒径大小影响路基的水稳状况。土的强度与土的颗粒组成和粒径相关,砂粒成分多则以摩擦力为主,强度高,受水的影响小,但施工时不易压实和成型;较细的沙,在渗流情况下容易流动,形成流沙。黏土颗粒成分多则以黏聚力为主,水分增大,黏聚力降低。粉性土毛细作用强烈,路基的强度和承载力随毛细水上升、湿度增大而降低。在负温度坡差作用下,水分通过毛细作用移动并积聚,使局部土层湿度大幅度增加,造成路基冻胀,导致路基翻浆。

⑤地质条件。

沿线的地质条件,如沿线岩石种类及风化程度,岩层走向、倾向和倾角、层理、厚度、节理发育程度,以及有无断层、不良地质现象(岩溶、冰川、泥石流、地震)等,都对路基稳定性有一定的影响。

⑥植物覆盖。

植物覆盖影响地面径流和导热情况,从而在一定程度上影响路基水温情况的改变。

(2)影响路基稳定性的人为因素。

①荷载作用。

荷载作用包括静载、活载及其大小和重复作用次数。

②路基结构。

路基结构包括路基填土或填石的类别与性质、路基形式、路面等级与类型、排水结构物的设置等。

③施工工艺。

施工工艺包括是否分层填筑、压实是否充分和压实的方法等。

④养护措施。

养护措施包括一般措施及在设计施工中未及时采用而在养护中加以补充的改善措施。

此外还有沿线附近的人为设施如水库、排灌渠道、水田,以及人为活动等。

由于路基水温情况的变化与自然因素和人为因素密切相关,因而路基水温情况,不仅在地区之间和路段之间存在差别,而且路基与原有地面及周围地面之间也有差别。这些差别服从同一公路自然区划一般温度和湿度的规律性变化。因此,设计者的重要任务是针对这种差异和变化作出正确的设计。

3.路基设计新技术

随着我国公路建设事业的蓬勃发展,我国广大公路工程科技工作者在路基设计和施工技术方面取得了突破性的进展,积累了丰富的经验。精确的勘测数据采集为公路路基的设计提供了可靠的技术资料,公路路基综合稳定技术的研究列入了"七五"国家重点科技项目(攻关),并已通过科技成果鉴定,为生产实践所应用。同时高路堤、深路堑的设计也取得了许多经验。由于工程实践的需要,许多可用于路基工程的新材料,例如土工织物、土工格栅、高强度塑料网、塑料排水板、软硬塑料排水管、加筋软式透水管轻质填筑路基材料(EPS等)、土壤固比剂(NCS等)及草皮植生带,新技术方法(如深层搅拌、支挡技术加筋技术、锚固技术喷锚支护、网箱席垫、粉煤灰路堤、平孔排水等)得到了充分的开发和应用。在设计与施工规范的制定和修订方面,也有了很大的进展,新的《公路路基设计规范》《公路路基施工技术规范》《公路桥涵设计通用规范》《公路工程质量检验评定标准》等也已颁布实施。上述的各个方面,对高速公路路基设计与施工的技术进步和提高路基工程设计与施工质量都起到了巨大的促进作用。路基设计和施工的系列成果可以概括为以下几个方面。

(1)公路自然区划。我国现行的《公路自然区划标准》(JTJ003—86)将公路自然区别分为三级,一级区划是根据地理、地貌、气候、土质等因素将我国划分为7个大区,二级区划以气候和地形为主导因素,三级区划以行政区域作为界限。

(2)土的工程分类。我国依据土的颗粒组成特征、土的塑性指标(塑限、液限和塑性指数)、土中有机质含量情况,将公路用土按不同的工程特性划分为巨粒土、粗粒土、细粒土和特殊土四大类,并细分为11种土。确认土的类别需应用标准的仪器,按统一的规程进行测试界定。为了在野外勘查中能对不同土类作鉴别,系统地总结了"简易鉴别、分类描述"的方法与细节。

(3)路基强度与稳定性。我国较早就确定以弹模量作为评价路基强度与稳定性的力学指标,并形成了成套的室内外试验标准方法与仪器。为了在施工中以物理量指标控制工程质量从而保证达到规定的强度指标,广泛开展了不同土种的最佳含水量与最大密实度相关关系的研究,并且统一以重型击实试验法作为基本控制标准。为了提高路基的强度与稳定性,根据不同类别土壤的特性,研究了粒料加固、石灰加固、水泥加固、专用固化剂加固等行之有效的技术措施。在多年冻土地区、膨胀土地区、沙漠地区、黄土地区、盐渍土地区等特殊地区,通过研究采用各种有效技术修建公路路基取得了十分宝贵的经验。

(4)高路堤修筑技术与支挡结构。为了提高高路堤路基的稳定性,采用轻质塑料块修筑路基,修筑轻型路基支挡结构,特别是加筋土挡墙的研究和工程建设在我国取得了许多成果。例如条带加筋、网络加筋、土工织物加筋等均取得良好效果。

(5)软土地基稳定技术。在软土地基适应工程性质方面,广泛研究了软土的调查与判别方法改变软土性质的技术措施,如沙井或塑料板排水固结法、沙层排水加载预压法、无机结合料深层加固法等。

(6)力学的分析研究方面。通过现场跟踪观测与建立预测分析模型,预估与控制软土地基加固后的沉降,从而提高路基的稳定性。

(7)岩石路基爆破技术。利用爆破技术开山筑路在我国有着悠久的历史,近年来这项技术在山区筑路工程中又有了新的发展,创造了系统的大爆破技术。大爆破技术以现代爆破理论为基础,事先要进行周密的勘测与调查,经过精心设计的大爆破,不仅能降低造价、缩短工期,而且能够使爆破后形成的坡面状况十分接近路基横断面的设计要求。

3.1.2 路基类型与构造

路基工程包括路基本体工程、路基防护工程、路基排水工程、路基支挡和加固工程,以及由于修筑路基可能引起的改河、改沟等配套工程。对所有这些路基工程建筑物应如何正确、合理地进行设计和施工是路基工程的基本内容。

1.路基横断面基本形式

路基的断面形式、构造尺寸、各部分组成和主要设备均可从路基的横断面图上得到反映,路基横断面图是路基设计的主要依据之一。路基横断面图是指垂直线路中心线截取的截面。在铁路线路工程中,路基横断面的基本形式有以下几种。

(1)路堤。

当铺设轨道的路基面高于天然地面时,路基以填筑方式构成,这种路基称为路堤,如图3-1(a)所示。

(2)路堑。

当铺设轨道的路基面低于天然地面时,路基以开挖方式构成,这种路基称为路堑,如图3-1(b)所示。

(3)半路堤。

当天然地面横向倾斜,路堤的路基面边线和天然地面相交时,路堤体在地面和路基面相交线以上部分无填筑工程量,这种路堤称为半路堤,如图3-1(c)所示。

(4)半路堑。

当天然地面横向倾斜,路堑路基面的一侧无开挖工作量时,这种路基称为半路堑,如图3-1(d)所示。

(5)半路堤半路堑。

当天然地面横向倾斜,路基一部分以填筑方式构成而另一部分以开挖方式构成时,这种路基称为半路堤半路堑,如图3-1(e)所示。

(6)不填不挖路基。

当路基的路基面和经过清理后的天然地基面平齐,路基无填挖土方时,这种路基称为不填不挖路基,如图3-1(f)所示。

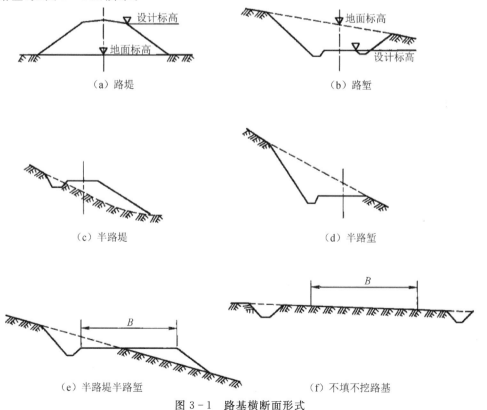

图3-1 路基横断面形式

2.路基横断面基本构造

(1)路基本体。

在各种路基形式中,为了能按线路设计要求铺设轨道而构筑的部分,称为路基本体。在路基横断面中,路基本体由路基顶面、路肩、基床、边坡、路基基底几部分构成,如图3-2所示。

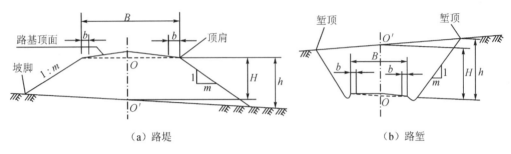

(a)路堤　　　　　　　　　　　　　(b)路堑

图3-2　路基本体

①路基顶面。

直接在其上面铺设轨道的面,称为路基顶面或简称路基面。在路堤中路基顶面即为路堤堤身的顶面,也称路堤顶面;在路堑中,路基顶面即为堑体开挖后形成的构造面。

②路肩。

路基面两侧自道床坡角至路基面边缘的部分称为路肩。其作用是保护轨道以下的路基土体,防止其在列车动荷载作用下侧向挤动;防止路基面边缘部分的土体稍有塌落时,影响轨道道床的完整状态;在线路养护维修作业中,路肩是线路器材的存放处和辅助工作面;铁路线路的标志、信号设备和有些通信、电力及给水设施也都设置在路肩上或设槽埋置在路肩下。在线路设计中,路基的设计标高以路肩边缘的标高表示,称为路肩标高。

③基床。

铁路路基面以下受列车动荷载作用和受水文、气候四季变化影响的深度范围称为基床。其状态直接影响列车运行的平稳和速度的提高,设计时应严格执行《铁路路基设计规范》(TB 10001—2016)对基床厚度、填料及其压实度、排水等的规定。

④边坡。

在路堤的路肩边缘以下和在路堑路基面两侧的侧沟外,因填挖而形成的斜坡面,称为路基边坡。边坡与路基顶面的交点称为顶肩。边坡与地面的交点,在路堤中称为坡脚,在路堑中称为路堑堑项,其标高与路肩标高的差为路堑边坡高度。路堤的边坡高度为路肩标高与坡脚标高之差。边坡的坡形在路基中常修筑成单坡形、折线形或阶梯形,每一坡段坡面的斜率以边坡断面图上取上下两点间的高差与水平距离之比表示,当高差为1单位长时,水平距离经折算为 m 单位长,则斜率为 $1:m$。在路基工程中,以 $1:m$ 方式表示的斜率称为坡率。在路基本体构造中,边坡的形状和坡率的缓陡对路基本体的稳定和工程费用有重要影响。

⑤路基基底。

路堤填土的天然地面以下受填土自重及轨道、列车荷载作用的部分称为路堤基底。路堑边坡土体内和堑底路基面以下的地基内因开挖而产生应力变化的部分称为路堑基底。基底部分土体的稳固性,对整个路基本体以至轨道的稳定性都是极为关键的,特别是在软弱土的基底上修建路堤,必须对基底作妥善处理,以免危及行车安全与正常运营。

(2)路基设备。

路基设备是路基的组成部分,是为确保路基本体的稳固性而采用的必要的经济合理的附属工程措施,包括排水设备和防护、加固设备两大类。

路基的排水设备分地面排水设备和地下排水设备两种。地面排水设备用以拦截地面径流,汇集路基范围内的雨水并使其畅通地流向天然排水沟谷,以防止地面水对路基的浸湿、冲刷而影响其良好状态。地下排水设备用以拦截、疏导地下水和降低地下水位,以改善地基土和路基边坡的工作条件,防止或避免地下水对地基和路基本体的有害影响。

路基防护设备用以防止或削弱风霜雨雪、气温变化及流水冲刷等各种自然因素对路基本体所造成的直接或间接的有害影响,其种类很多,类型各异。常用的防护设备是坡面防护和冲刷防护。为了防止路基边坡和坡脚受坡面雨水的冲刷,防止日晒雨淋引起土的干湿循环,防止气温变化引起土的冻融变化等因素影响边坡的稳固,常采用坡面防护。为了防止河水对边坡、坡脚或坡脚处地基不断冲刷和淘刷,应设冲刷防护。防护位置和所采用的类型则常视水流运动规律及防护要求而定。特殊条件下路基的防护类型更多,例如在多年冻土地区,为防止冻融线路的剧烈变化,应采用各种保温措施;在泥石流地区,为防止泥石流对路基本体的威胁,常设置多种拦蓄与疏导工程;在风沙地区为防止路基本体沙蚀和被掩埋,常采用各种防沙、固沙设施等。

路基加固设备是用以加固路基本体或地基的工程设施,在路基工程中,有护堤、挡土墙、支垛抗滑桩及其他地基加固措施等。路基加固设备是提高路基稳定性的一种有效措施。

3.路基工程的特点

路基工程是轨道的基础,作为一种土工结构物,具有其独特的特点。

(1)路基建筑在土石地基上并以土石为建筑材料。

路基是建筑在土石地基上并以土石为建筑材料的土工结构物。岩石和土都是不连续介质,各种岩石性质差异悬殊,并具有多种结构面;土的成因、成分结构、构造也各不相同。在自然应力和人类活动的作用下,土石的工程性质在不断变化。所以,在以岩土力学为基础的路基工程设计中,如何取得正确反映土石工程性质的物理力学指标和如何建立表达土石的应力-应变-时间关系的本构模型,成为岩土工程的重要研究内容,也是路基设计和施工水平提高的基础。

(2)路基完全暴露在大自然中。

在线路工程中,路基除可遇见各种复杂的地形、地质条件外,还常受严寒、酷暑、水位涨落、狂风暴雨等气候、水文以至地震等自然条件的影响,引起各种病害。例如:膨胀土路基干缩湿胀引起路基边坡坍塌;南方雨多、北方冻胀融沉引起路基隆起、下沉,翻浆冒泥等病害,雨季引起大滑坡;西北风蚀沙埋路基等。所以,路基的设计、施工、养护均离不开具体的自然条件,在充分调查研究的基础上,认识和克服自然灾害,是路基工作的重要内容。

(3)路基同时受静荷载和动荷载的作用。

路基上的轨道结构和附属构筑物产生静荷载,列车运行产生动荷载,动荷载是造成基床病害的主要原因之一。要研究土体在动力作用下的变形、稳定问题,必须了解土的动力性质,包括土的动强度和液化、动孔隙水压力增长及消散模式、土的震陷等。一些新的测试手段和计算模型的出现,为进一步深入研究基床土动力响应提供了更完善的条件。在普通铁路路基设计中,将动荷载视为静荷载计算,而高速铁路路基的设计必须考虑作用在路基面上的动荷载特性。

4.路基工程常见病害及建筑要求

(1)路基常见病害。

路基裸露在自然界中,经常受到自重、列车荷载和各种自然因素的作用。由于水、温度和各种荷载的作用,路基的各部分将产生可恢复的变形和不能恢复的变形。那些不能恢复的变形,将引起路基标高和边坡坡率、形状的改变,甚至造成土体位移和路基横断面几何形状的改变,危及路基及其各组成部分的完整和稳定,形成路基的病害。铁路路基常见病害有以下几种。

①基床翻浆冒泥。

基床翻浆冒泥(见图3-3)是指含黏粒、粉粒的基床表层土,在水和列车反复振动的作用下,发生软化或触变、液化,形成泥浆,列车通过时轨枕上下起伏使泥浆受挤压抽吸而通过道床孔隙向上翻冒,造成道砟脏污、板结,丧失弹性。基床翻浆冒泥分为土质基面翻浆、风化石质基面翻浆、裂隙泉眼翻浆三类。典型的翻浆冒泥多发生在基床表层30～50 cm以内,此时,道砟压入基床而形成的道砟囊也较浅,轨道下沉常不明显,且多发生于雨季,路堤、路堑均可发生,是基床病害的早期现象。泥浆使道床板结,失去弹性,加剧了列车对轨道的冲击力,缩短了轨道的使用寿命,增加了线路的维修工作量。基床翻浆如不及早整治,病害将向基床深部发展,导致道砟囊加深,轨道沉陷,从而转化为基床下沉或挤出等严重变形现象。

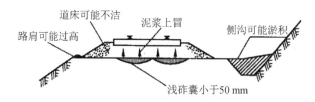

图 3-3 基床翻浆冒泥的原因

(2)路基下沉。

路基下沉是指由于路基土压实度不足或松软,在水、荷重、自重及列车振动作用下发生局部或较大面积的竖向变形。一般经过列车运行一段时间后,下沉会趋于缓解,但有时因荷重增加或水的作用使沉降速率加大,局部下沉也会造成陷槽,使线路不平顺。路基下沉分为基床下沉、地基下沉及边坡外臌三类。

①基床下沉。由于基床填料的压实度不足、土质不良或由于线路荷重增加而造成的基床面标高局部或大范围的明显沉陷的变形现象。

②地基下沉。由于地基土质不良且路基填筑时处理不当,或由于线路荷重增加而造成地基面标高的降低。

③边坡外臌。在黏性土或粉土路堤上,受水和列车动力影响,道砟囊向边坡方向发展,从而使边坡中下部向外臌出。

(3)基床外挤。

基床外挤主要是指由于基床的软弱层经水作用饱和,在列车动力作用下,软弱层顺其下的刚卧层发生剪切滑动或塑性流动,向路肩一侧或两侧挤出的变形现象。图3-4是发生于路堑的基床外挤。外挤分为路肩隆起和路肩外挤两类。路肩隆起指基床土处于软塑状态,基床发生剪切破坏,在路肩单侧或双侧向上隆起的变形;路肩外挤指基床内的土经常处于软塑状态,而基床下部某一深度处存在刚卧层或土质密实,阻碍了道砟陷坑向下发展,同时侧向阻力较小,剪切沿交界面发生,使路肩向外挤出的变形。

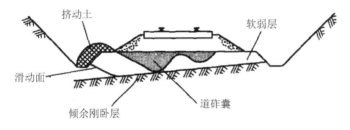

图3-4 基床外挤的原因

(4)基床冻害。

路基在土质、水和温度的不利组合下,低温季节基床土冻结,短距离地段内出现不均匀冻胀或左右股道的不均匀冻胀,导致线路不平顺或方向不良的现象称为基床冻害。基床冻害可分为表层冻害和深层冻害两类。表层冻害指发生在基床土体临界冻结深度上半部分的冻害,或冻结深度小的地区发生的冻害,易造成线路不均匀冻胀。深层冻害产生冻害的部位较深,多因地下水位较高,冻结过程中不断出现冰层而引起。

(5)边坡溜塌。

边坡溜塌是指路堤或路堑边坡表层受水流侵蚀软化,或由于列车振动作用,失去稳定而形成的边坡浅层溜滑或坍塌。边坡溜塌对于路堤而言其溜塌范围不超过轨枕端部,对于路堑地段,边坡的溜塌不影响基床的稳定性,超出此范围即不属于边坡溜塌病害。边坡溜塌分为堤坡溜塌和堑坡溜塌两类。

(6)风化剥落。

风化剥落是指风化的石质路堑边坡,在外界环境因素如降水、强风、振动等影响下,成片或块体剥落,从而危及线路和行车安全。风化剥落一般多指因地形、地质原因而造成的体积较小而数量较多的风化岩石剥落,现场常用设防护网或喷射水泥浆等方法处理。

(7)滑坡。

滑坡是指一部分土体在重力作用下沿路堤的某一滑动面滑动。滑坡现象主要是由土体的稳定性不足而引起的,分路堤滑坡和路堑滑坡,见图3-5。边坡坡率过陡,或边坡坡脚被冲刷挖空,或填土层次安排不当,是路堤边坡发生滑坡的主要原因。路堑边坡滑坡的主要原因,是边坡高度和边坡坡率与天然岩土层次的性质不相适应。黏性土层和蓄水的砂石层交替分层蕴藏,特别是有倾向路堑方面的斜坡层理时,就更容易造成滑坡。

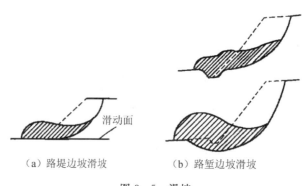

(a)路堤边坡滑坡　　(b)路堑边坡滑坡

图3-5　滑坡

(8)不良地质和水文条件造成的路基破坏。

道路通过不良地质条件(如泥石流、溶洞等)和较大自然灾害(如大暴雨)地区时,均可能导致路基的大规模毁坏。在道路勘测设计过程中,应力求避开这些地区或采取相应的工程技术措施,以保证路基的安全和稳定。

5.对路基的建筑要求

根据路基的特点及病害发生的种类,为使路基正常工作,路基建筑应满足如下要求。

(1)路基必须平顺,路基面有足够宽度和上方限界。

路基平顺状态是指路肩标高和平面位置与线路平面、纵断面设计相符。路基的平面位置以其中心线表示。路基面宽度应满足轨道铺设和养护要求。在路基面上方应有足以保证行车安全和便于线路维修养护的安全空间,当路基面上方或两侧有接近线路的建筑物时,必须按照铁路限界的规定设置在限界范围以外。

(2)路基必须具有足够的强度和刚度。

强度和刚度是两个不同的力学特性,两者既有联系又有不同。强度是指路基抵抗应力作用和避免破坏的能力,刚度是指路基抵抗变形的能力。

路基是直接在天然地面上填筑或挖除部分地面而建成的。路基修建后改变了原地面的自然平衡状态。为防止路基在列车荷载及各种自然因素作用下发生破坏与失稳,同时给轨道提供一个坚实的基础,必须针对具体情况,采取一定的措施来保证路基具有足够的强度。同时为保证路基在荷载作用下不致产生超过容许范围的变形,也要求路基应具有一定的刚度。

(3)路基必须具有足够的水、温稳定性。

路基在地面水和地下水作用下,其强度会降低。在季节性冻土地区,由于周期性的冻融作用,在水和负温度共同作用下,土体会发生冻胀,造成轨面变形,春融期局部土层过湿软化,路基强度急剧下降。因此,不仅要求路基要有足够的强度和刚度,还应保证在最不利的水温条件下,路基不致冻胀和在春融期强度不致发生显著降低,这就要求路基应具有足够的水、温稳定性。

3.2 路基的防护与加固

3.2.1 防护与加固的分类

1.路基防护的作用

公路常年暴露于自然环境中,承受着各种自然条件的影响,如气候变化、水流冲刷等,使路基发生各种变形、病害甚至破坏,而路基防护工程就是防治路基病害、保证路基稳定、改善环境景观和生态平衡的重要设施。因此,路基防护工程虽不属于路基主体工程,但却是必不可少的辅助工程,是路基工程的重要组成部分。

2.路基防护的原则

路基防护的种类和方法是多种多样的,但应符合"因地制宜、就地取材、经济适用、照顾景观"的原则。

(1)因地制宜,就是要结合实际地形、地质条件,确定路基的防护方法。过高的防护标准将会增加工程造价,过低的防护标准则又达不到防护的目的。因而,结合实际情况制定出适宜的防护措施是非常必要的。

(2)就地取材,就是尽量利用当地材料,就地采集,就地利用,以节省运输费用,降低工程造价。例如,在适合植物生长的土质路段边坡,应优先选用植物防护;在石料丰富的地区则应尽量利用石料砌筑。

(3)经济适用,就是要力求节省工程费用和其他开支,既要少花钱、多办事,又要经济耐用且养护工作量最小。有些防护工程措施是群众在长期实践中创造出来的行之有效的经验,应该认真调查总结并进一步提高应用水平;对于有价值的新材料、新技术和新方法,符合技术政策和经济耐用原则,又已通过评审鉴定,被列为推广应用技术的,亦应结合工程特点,在进行实地试验后取得资料,确实具有经济效益和社会效益的,也应积极组织实施。

(4)照顾景观,就是不仅要能保护路基,而且还应当力求适合当地环境,使其更加美观。虽然修建高速公路对其周围经济发展起到了巨大的促进作用,但对环境也造成一定的破坏。所以,应当尽可能选择符合环保要求并与周围景观相协调的防护措施,以弥补对生态环境造成的损害。

3. 路基防护的分类

从广义上讲，路基防排水、防冻、防风沙、防雪害、抗震等采取的各类措施，都属于路基防护的范畴。通过有效措施和设施可以保证路基在各种自然灾害侵蚀下，保持其正常的使用功能。

坡面防护主要是保护路基边坡表面免受雨水冲刷，减缓温差及湿度变化的影响，防止和延缓软弱岩土表面的风化碎裂、剥蚀演变进程，从而保护路基边坡的整体稳定性，在一定程度上还可兼顾路基美化和协调自然环境。坡面防护设施不承受外力作用，必须要求坡面岩土整体稳定牢固。简易防护的边坡高度与坡度不宜过大，土质边坡坡度一般不陡于 1:1～1:1.5。地面水的径流速度以不超过 2.0 m/s 为宜，水亦不宜集中汇流。雨水集中或汇水面积较大时，应有排水设施相配合，如在挖方边坡顶部设截水沟，高填方的路肩边缘设拦水埂等。

常用的坡面防护设施有植物防护（种草、铺草皮、植树等）和工程防护（抹面、喷浆、勾缝石砌护面等）。前者可视为有"生命"（成活）防护，后者属无机物防护。有"生命"防护以土质边坡为主，无机物防护以石质路堑边坡为主。在一定程度上，有"生命"防护在边坡稳定和改善路容方面，优于无机物防护。

堤岸防护与加固主要是对沿河滨海路堤、河滩路堤及水泽区路堤，亦包括桥头引道以及路基偏旁的防护堤岸等。此类堤岸常年或季节性浸水，受流水冲刷、拍击和淘洗，造成路基浸湿、坡脚淘空，或水位骤降时路基内细粒填料流失，致使路基失稳、边坡崩坍。所以，堤岸防护与加固主要针对水流的破坏作用而设，起防水治害和加固堤岸双重功效。堤岸防护与加固设施，有直接和间接两类。直接防护与加固设施中包括植物防护与石砌防护和加固两种，常用的有植树铺石、抛石或石笼等。间接防护主要指导治结构物，如丁坝、顺坝、防洪堤、拦水坝等，必要时进行疏浚河床、改变河道，目的是改变流水方向，避免或缓和水流对路基的直接破坏作用。改变水流流速、流向和原来状态，可能导致堤岸对面及路基附近上下游遭害，必须慎重对待，掌握流水运动规律，因势利导，防治结合，综合治理。

湿软地基的承载能力较差，如泥沼与软土、低洼的湖（海）相沉积土层、人为垃圾、杂填土等，填筑路基前必须予以加固，以防路基沉陷、滑移或产生其他病害。湿软地基加固，规模大、造价高，应注意方案比较，研究技术和经济方面的可行性，力求从简，尽量就地取材。

地基加固是路基主体工程的一部分，要结合路基设计（即确定路基标高，选择横断面，决定设施等）综合处治。

湿软地区修筑路基时，地基加固关键在于治水和固结。各种加固方法，可归纳为换填土、碾压夯实、排水固结、振动挤密、土工格栅加筋和化学加固等五类。加筋土为土中加入某种能承受一定拉力的筋条或化学纤维，凭借筋条与填土之间的摩擦作用，提高土的抗剪强度，改善路基抵抗变形的条件。土工布、土工格栅加筋是利用化纤材料织成布或网格，铺在软弱地基或填土层中，亦能收到良好效果。其他还有石灰桩、砂桩与砂井等。

湿软地基的加固可采用强夯法，利用重锤的强大冲击力，以达到地基排水固结、提高承载能力的目的。

3.2.2 坡面防护

坡面防护即通常指的"护坡工程"。不论填方还是挖方边坡,由于常年暴露在大气环境中,随着时间的推移,都会逐渐发生变形、破坏。如土质边坡在经受反复的雨淋、日晒、冻结与融化之后,形体会发生变化,表层逐渐剥落,而新的表层又会遵循固有的规律,从坚硬到软弱最后剥落,久而久之就引起边坡变形过量而被破坏。在这个变化规律中,起主导作用的是水,因而防水、治水、排水就成为首要的防护任务。

坡面防护常用的方法,大概可分为两类,即植物防护和工程防护。

1. 植物防护

常用的植物防护有种草、栽草、铺草皮和植树等,以减缓边坡上的水流速度,利用植物根系固着边坡表层土壤以减轻冲刷,从而达到保护边坡的目的。这对于一切适合种植的土质边坡都是应当首先选用的防护措施。植物防护还可以绿化环境,与周围的景观相协调,所以也是一种符合环保要求的防护办法。

植物防护可调节边坡土的温湿度起到固结和稳定边坡的作用。它对于坡高不大、边坡比较平缓的土质坡面是一种简易有效的防护设施,其方法有种草、铺草皮和植树。土质边坡防护也可采用拉伸网草皮、固定草种撒布或网格固定撒种,用土工合成材料进行土质边坡防护的边坡坡度宜在 $1:1.0 \sim 1:2.0$ 之间。过陡的边坡容易受雨水侵袭而流失,对于易受冲刷的粉性土,若不经过防冲措施,不宜直接采用;对经常浸水的边坡也不适宜采用。

(1) 种草。

种草,适用边坡坡度不陡于 $1:1$、土质适宜种草、不浸水或短期浸水但地面径流速度不超过 0.6 m/s 的边坡。草的品种,应适应当地自然条件,最好是根系发达,中茎低矮,多年生长,几种草籽混种。不宜种草的坡面,可以铺 5~10 cm 厚的种植土层,土层与原坡面结合稳固。但是,边坡种草与平地种草有一些区别。边坡特别是挖方边坡,一般较贫瘠,硬度大,水土难以保持,降雨时坡面易被冲刷,日晒土壤干燥板结,种子不能发芽。因此,必须认真选择草种撒播时期以及播种方法,才能达到预期的目的。

草种应有以下特点:对土质要求不高、适应性强,耐盐碱耐贫瘠,耐旱、耐寒,发育快、生根快,枝叶茂盛,根系发达,价格低廉。根据上述要求各地应结合本地区土质和适宜本地区生长的种系进行选择,必要时应先进行试验而定。如在东北辽沈地区,多采用无芒雀麦、早熟禾、小糠草等品种,尤以无芒雀麦为佳。据介绍,这种草根系固土范围直径达 60 cm,在零下 30 ℃ 能安全越冬,在年降水量仅 350 mm 的干旱地区也能正常生长,且管理简易,价格低廉。在山东地区则以马尼拉早熟禾、结缕草野牛草等为宜。其中以早熟禾为佳,其抗旱、耐寒、耐贫瘠,在潮湿土壤或遮阴地带均能正常生长,在山东地区绿期长达 300 天左右。对其他地区通过当地园林绿化部门,均可以选择到适用于本地区的优质草种。

种草播种期的选择很重要。南方温暖潮湿地区的播种期选择余地较宽,一年中几乎长年适于草籽的发芽、生长。但在北方寒冷干燥地区,播种期选择就比较讲究了。一般说来,在高速公路沿线,要事先收集当地经验或通过试验,找出气温降雨量与种子萌发的关系曲线以指导施工,避开低温及高温不利季节,选择春、秋两季为宜。草籽萌发需要5℃以上的气温,幼苗发育生长则要求10℃以上,据此可作为选择播种期的标准。在北方大部分地区,虽然每年5月气温已达到草籽发芽的要求,但常出现大风天气,草籽难以固定。每年6月气温虽然适宜草籽萌发,但又面临雨季到来,草籽即使发芽、成活,达不到必要的覆盖度即进入高温暴雨时期,小草难以承受雨水冲蚀,不利于草籽成活。所以,播种期必须结合当地气候条件,避开低温、干旱、高温、暴雨等不利时节,利用春秋两季比较有利的短暂时机轮播,以得到较好的效果。

(2)铺草皮。

拉伸网草皮是在土工网或土工垫等土工合成材料上铺设3~5 cm的种植土层,经过撒种、养护后形成的人工草皮。固定草种撒布(也可称植生带)是在土工织物纺织时将草种固定于土工织物中,然后到现场铺筑以促使草皮生长的一种土工合成材料草皮制品。网格固定撒种是先将土工网固定于需防护的边坡上,然后撒播草种形成草皮的一种边坡防护方法。

当坡面冲刷比较严重,边坡较陡,径流速度大于0.6 m/s,容许最大速度为1.8 m/s时,应根据具体条件(坡度与流速等),分别采用平铺(平行于坡面)水平叠置、垂直坡面或与坡面成一半坡角的倾斜叠置草皮,还可采用片石铺砌成方格或拱式边框,方格或框内再铺草皮,如图3-6所示。

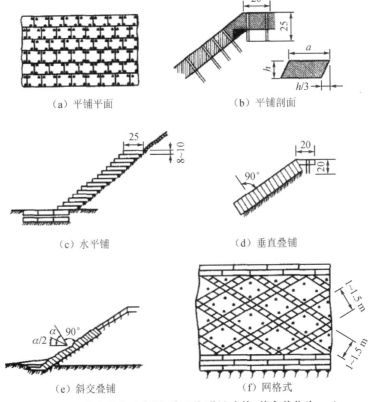

(a) 平铺平面　　　(b) 平铺剖面

(c) 水平铺　　　(d) 垂直叠铺

(e) 斜交叠铺　　　(f) 网格式

图3-6　草皮防护示意图(除已注明尺寸外,其余单位为cm)

(图中 h 为草皮厚度,取5~8 cm;a 为草皮边长,取20~25 cm)

铺草皮需预先备料,草皮可就近培育,切成整齐块状,然后移铺在坡面上。铺时应自下而上,并用竹木小桩将草皮钉在坡面上,使之稳固。草皮根部土应随草切割,坡面要预先整平,必要时还应加铺种植土,草皮应随挖随铺,注意相互贴紧。

(3)植树。

植树,主要用在堤岸边的河滩上,用来降低流速,促使泥沙淤积,以防水直接冲刷路堤。多排林堤岸与水流方向斜交,还可起挑水改变水流方向的作用。沙漠与雪害地区,防护林带还起阻沙防雪作用。树木的品种与种植位置及宽度,应根据防护要求、流水速度等因素,参见有关设计手册,并结合当地经验而定;城市或风景区的植物防护,应与有关部门协调配合。

2. 工程防护

当不宜使用植物防护或考虑就地取材时,采用砂石、水泥、石灰等矿质材料进行坡面防护是常用的防护形式。它主要有砂浆抹面、勾缝或喷涂以及石砌护坡或护面墙等。这些形式各自适合于一定条件。

抹面防护,适用于石质挖方坡面,其岩石表面易风化,但比较完整且尚未剥落,如页岩、泥砂岩、千枚岩的新坡面;对此应及时予以封面,以预防风化成害。常用的抹面材料有石灰浆等,其中石灰为胶结料,要求精选。混合料如加纸筋或竹筋,可提高强度,防止开裂;如掺加适量制盐副产品卤水,因含有氯化钙与氯化镁,可使抹面加速硬化和预防开裂。抹面用料的配合比与用量参见有关手册。抹面厚度视材料与坡面状况而定,一般为2~10 cm。操作前应清理坡面风化层、浮土与松动碎块,填坑补洞,洒水润湿。抹面后,应拍浆、抹平和养生。

喷浆施工简便,效果较好,适用于易风化而坡面不平整的岩石挖方边坡,厚度一般为5~10 cm。喷浆的水泥用量较大,重点工程可选用。比较经济的砂浆是用水泥、石灰、河砂及水,按重量1:1:6:3配比。喷浆前后的处理与抹面相同。对坡面较陡或易风化的坡面,可以在喷浆前先铺设加筋材料,加筋材料可以用铁丝网或土工格栅,喷浆坡面应设置排水孔。

比较坚硬的岩石坡面,为防水渗入缝隙成害,视缝隙深浅与大小,分别予以灌浆、勾缝或嵌补等。

上述防护方法,可以局部处理然后综合使用,并与放缓边坡等方法加以比较,力求实用和经济。如果在坡面防护时着色或修饰,还有助于改善路容。

路基坡面为防止地面水流或河水冲刷,可以使用干砌片石护面,图3-7为浸水路堤单层或双层护面示意图。重要路段或暴雨集中地区的土质高边坡,以及桥涵附近坡面与岩坡、地面排水沟渠等,亦可使用干砌片石加固。片石护面,要求坡面稳固,先垫以砂层,然后自下而上平整地铺砌片石,片石应逐块嵌紧且错缝,护面厚度一般不小于20 cm,干砌要勾缝,必要时改用浆砌,护面顶部封闭,以防渗水。

护面墙是浆砌片石的坡面覆盖层,用于封闭各种软质岩层和较破碎的挖方边坡。要求墙面紧贴坡面,表面砌平,厚度可不一。护面墙石料应符合规格。护面墙除自重外,不承受其他荷重,亦不承受墙背土压力。其构造与布置如图3-8所示。墙高与厚度及路堑边坡的关系,参见表3-1。

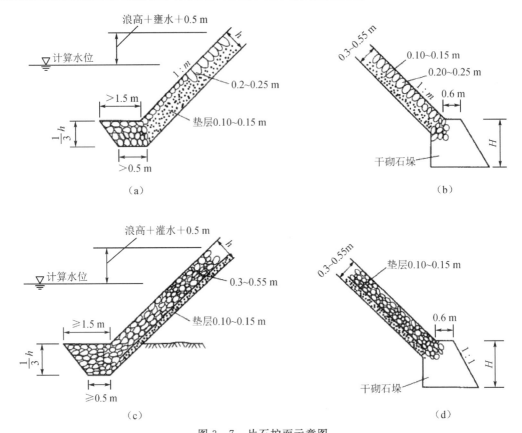

图 3-7 片石护面示意图

(a)、(b)为单层护面;(c)、(d)为双层护面

(图中 H 为干砌石垛高度,20~30 cm;h 为护面厚度,大于 20 cm)

护面墙高一般不超过 10 m,可以分级,中间设平台墙背可设耳墙,纵向每 10 m 设一条伸缩缝,墙身应预留泄水孔,基础要求稳固,顶部应封闭。墙基软硬不均,可设拱跨过软弱地基。坡面常有各种不同地质现象,开挖后形成凹陷,应以石砌圬工填塞平整,也称为支补墙。以上构造的具体要求与尺寸,均可参考有关设计手册。

表 3-1 护面墙的厚度

护面墙高度 H/m	路堑边坡	护面墙厚度/m	
		顶宽(b)	底宽(d)
≤2	1∶0.5	0.40	0.40
≤6	陡于 1∶0.5	0.40	$0.40+0.10H$
6<H≤10	1∶0.5~1∶0.75	0.40	$0.40+0.05H$
10<H<5	1∶0.75~1∶1	0.40	$0.60+0.05H$

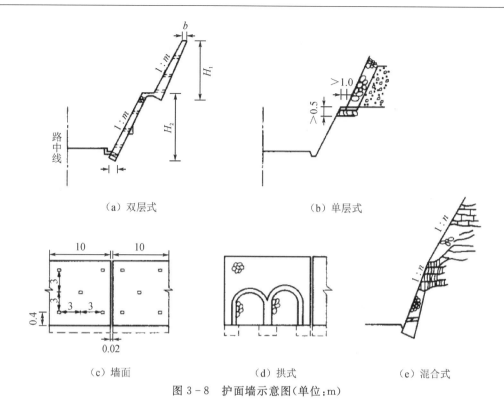

图 3-8 护面墙示意图(单位:m)

3.2.3 冲刷防护

1. 冲刷防护的类型

冲刷防护主要是针对沿河路堤或河滩路堤在流水作用下边坡和坡脚被冲蚀或淘空而导致路堤受到严重的破坏,这种破坏比坡面被雨水和地表径流冲刷所造成的损坏更为严重,所以设计时应当高度重视。

冲刷防护按其作用可分为直接防护和间接防护两大类。直接防护为直接在路堤坡面或坡脚处设置防护结构物,以减轻或避免水流的直接冲刷,如用于坡面防护的植物防护、砌石防护等,以及抛石、石笼、挡土墙等;间接防护则是设置工程构造物以改变河道的流水方向或减缓流水速度,以达到减轻冲刷的目的,常用的有丁坝、顺坝、导流堤等导治构造物。在一定条件下还可以营造防护林带和改移河道等。

对于高速公路,经常漫水的路堤坡面,一般不宜采用植物防护,大都采用浆砌片石或大块水泥混凝土砌块,并适当增加铺砌厚度和反滤层厚度以提高抗撞击能力,必要时砌块间还用铰链互相连接以增强其整体性和抗冲撞性。表 3-2 列出了各种防护构造物所能适应的流速,可供读者设计时参考。

表 3-2　各种防护工程适应的流速参考

名称	允许流速/(m/s)	名称	允许流速/(m/s)
种草	0.4~0.6	浆砌片石	3~6
铺草皮	1.1~1.8	铺砌预制水泥混凝土块	3~8
干砌片石	2~4	石笼	4~5

2. 直接防护

为了防止流水直接危害沿河、滨海路堤以及有关海河堤坝护岸的堤岸边坡和坡脚,必须采取一定的防止冲刷的措施。

堤岸防护直接措施,包括植物防护、石砌防护、抛石与石笼防护,以及必要时设置的支挡(驳岸等)。其中植物防护与石砌防护,同坡面防护所述基本相同,但堤岸的防冲刷主要原因是洪水急流、水位变迁不定、水流速度较大,相应的要求更高。盛产石料的地区,当水流速度达到 3.0 m/s 或更高,植树与石砌防护无效时,可采用抛石防护。当水流速度达到或超过 5.0 m/s 时,则改用石笼防护,也可就地取材,用竹笼或梢料防护,必要时可以采用土工织物软体沉排护坡。

抛石防护,类似在坡脚处设置护脚,亦称抛石垛,如图 3-9 所示。抛石不受气候条件限制,路基沉实以前均可施工,季节性浸水或长期浸水亦均可用。抛石垛的边坡坡度,不应陡于抛石浸水后的天然休止角,边坡率 m_1 一般为 1.5~2.0,m_2 为 1.25~2.0;石料粒径视水深与流速而定,一般为 15~50 cm。

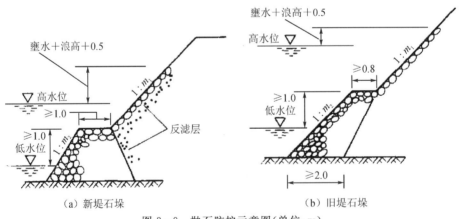

图 3-9　抛石防护示意图(单位:m)

抛石一般多用于临时抢险工程,而不作为常规防护措施。所以,在高速公路的新建工程中,不宜单独使用抛石防护,通常仅作为一种辅助措施,如浸水挡墙砌石护坡等基础加固。在局部长度被冲刷,甚至有可能淘空时用以保护基础。抛石需要的石块体积要大,石块数量要多,而且是松散结构物,抛下的石块无联系使其连接在一起,在水流湍急时仍会冲动,也会散失,要不断地补充,所以在公路选线时就要先考虑到这一点。除非在特别条件下,如水流方向较为平顺无严重冲刷的河段,在浸水路堤边坡与河岸采用其他的防护较困难,或路基断面挖方内大石块很多等特定有利组合时,才有可能设计抛石防护。若要从河床中采集搬运大块石做抛石防护是很不合适的,一般不这样做,也不宜用水泥混凝土块做抛投材料,因为预制块的价格昂贵,在技术经济上是不合适的。

石笼是用铁丝编织成框架,内填石料,设在坡脚处,以防急流和大风浪破坏堤岸,也可用来加固河床,防止淘刷。铁丝框架可以为箱形或圆柱形,如图 3-10(a) 和图 3-10(b) 所示。笼内填石的粒径不小于 4.0 cm,一般为 5~20 cm,外层应用大且棱角突出的石料,内层可用较小石块填充。石笼在坡脚处排列,用于防止冲刷淘底时,应平铺并与坡脚线垂直,而且堤岸一端固定,另一端不必固定,淘刷后可以向下沉落贴于底面;用于防止堤岸边坡冲刷时,则垒码平铺成梯形,如图 3-10(c) 和图 3-10(d) 所示。单个石笼的大小,以不被相应速度的水流冲动为宜,铺设时须用碎(砾)石垫层铺平,底层各角可用铁棒固定于基底。

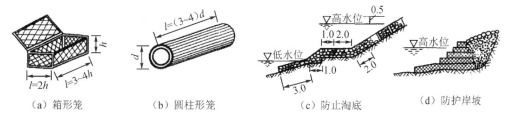

(a) 箱形笼　　(b) 圆柱形笼　　(c) 防止淘底　　(d) 防护岸坡

图 3-10　石笼防护示意图(单位:m)

石笼防护的性质与抛石防护的性质基本相似,属于临时的应急措施,作为其他冲刷防护的辅助方法,以抵御洪水冲击,不能作为常规的防护措施应用,特别是在高速公路的防护设计中,更应慎重,应经过论证比较后确定。

土工织物软体沉排是在土工织物上以块石或预制混凝土块体为压重的护坡结构。土工织物软体沉排一般适用于水下工程及预计可能发生冲刷的河床和岸坡土面上。其主要有单片垫和双片垫两种结构形式。

单片垫是利用土工织物拼接成大面积的排体;双片垫是将两块单片垫重叠后按一定距离和形式将两片垫连接在一起而构成管状或格状空间,其中再填充透水性土石料(如砂卵石等),起到防冲与反滤的作用,双片垫的结构形式如图 3-11 所示。

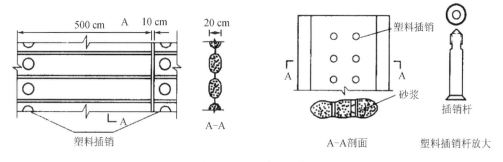

图 3-11　双片垫形式

土工模袋是一种双层织物袋,袋中充填流动性混凝土或水泥砂浆,凝固后形成高强度和高刚度的硬结板块。其主要应用场合及铺设形式如图3-12所示。土工模袋材料应满足表3-3的技术要求,袋内可充填混凝土或砂浆。充填混凝土时,粗集料最大粒径应符合表3-4的要求,坍落度不宜小于20 mm,其强度等级不低于C10;充填砂浆时,其强度等级不低于M2.5。

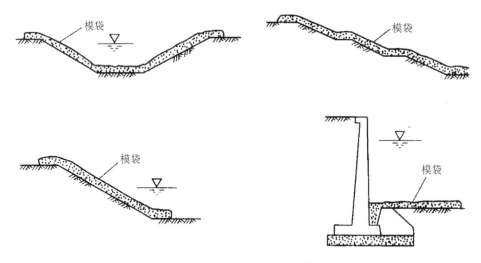

图3-12 土工模袋的应用及铺设

表3-3 土工模袋材料要求

指标内容	指标要求
顶破强度/N	≥1500
渗透系数/10^{-3} m/s	0.86~10
等效孔径 O_{95}/mm	0.07~0.15
延伸率/%	≤15

表3-4 混凝土集料的最大粒径要求

土工模袋厚度/mm	集料最大粒径/mm	土工模袋厚度/mm	集料最大粒径/mm
150~250	≤20	≥250	≤40

采用土工模袋护坡的坡度不得陡于1:1。如在水下施工,水流速度不宜大于1.5 m/s。模袋选型应根据工程要求和当地土质、地形、水文、经济与施工条件等确定。应根据水流量选定模袋滤水点分布数量,当选用无滤水点模袋时,应增设渗水滤管。模袋应用尼龙绳缝制。

3.间接防护

为了改变水流方向,减轻水流对路基岸边的冲刷,可采用间接防护措施,常用的间接防护措施有设置丁坝、顺坝等导治构造物,以及改移河道和种植防水林带等。通过这些防护措施可以降低防护地段的水流速度,改变水流方向,甚至促使部分岸线产生有利于保护路基的淤积等。

导治结构物是桥涵和路基的重要附属工程,由于涉及水流改向,影响范围较大,工程费用亦较高,使用时务必慎重。用于防护堤岸的改河工程,一般限于小型工程,如裁弯取直、挖滩改道、清除孤石等,可在小河的局部段落上进行。

导治结构物主要是设坝,按其与河道的相对位置,一般可分为丁坝、顺坝或格坝。图3-13是桥梁附近设置导治结构物的总体布置示例之一。导治结构物的布置,应综合考虑河道宽窄、水流方向、地质条件、防护要求、材料来源、施工条件和工程经济等,要避

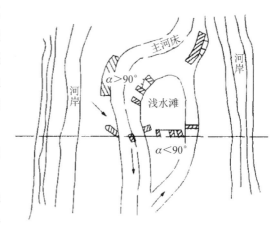

图 3-13 导治结构物综合布置示例

免河床更多压缩,或因水位提高和水流改向而危害河对岸或附近地段的农田水利、地面建筑及堤岸等。

顺坝大致与堤岸平行,主要作用为导流、束水、调整流水曲度、改善流态。格坝在平面上成网格状,设于顺坝与堤岸之间,防止高水位时水流溢入冲刷坝内岸坡和坡脚,并促进格间的淤积。丁坝大致与堤岸垂直或斜交,将水流挑离堤岸,束河归槽,改善流态。顺坝亦称导流坝,丁坝亦称挑水坝。

导致结构物的布置是工程成败的关键。布置恰当能收到预期效果;布置不当反而恶化水流,造成水毁。关键在于合理设计导致线,是否符合预定的河轴线和河岸线要求,亦取决于选择导致水位,不致出现不利的冲刷情况。导致线与导致水位,应依据对于水流和河岸、河床地形、地质情况、水流对上下游对岸的影响等因素,综合分析和设计计算而定。

顺坝与丁坝均用石块修建成梯形横断面,坝体分为坝头、坝身和坝根三个组成部分,横断面尺寸依构造要求、施工条件和使用需要而定,并应进行稳定性计算。

公路工程中的改河,主要目的是将直接冲刷路基的水流引向旁处。路基占用河槽后,需要拓宽河道;挖滩改河,清除孤石,改移河道,以保护路基;裁弯取直,有利布置路线或桥涵。这些措施,如经过论证可行,确有必要且效益高时,方可通过设计计算,最后实施。

导治结构物的构造与要求,以及结构物与改河工程的具体设计计算方法,在路基设计手册等文献中,已有详细规定与建议,可供读者查用。

3.2.4 湿软地基加固

软土在我国滨海平原、河口三角洲湖盆地周围及山涧谷地均有广泛分布。在软土地基上

修筑公路,特别是修筑高路堤时,若对软基不加以处治或处理不当,往往会导致路基失稳或过量沉降,造成公路不能正常使用。软土地基处理恰当与否也关系到整个工程质量、项目投资和进度。因此,当路基处于湿软地基上时,无论是设计还是施工均必须给予充分的重视。

3.3 路基排水设计

3.3.1 路基排水设计概述

1.路基排水的目的与要求

路基的强度与稳定性同水的关系十分密切。路基的病害有多种,形成病害的因素亦有很多,但水的作用是主要因素之一,因此在路基设计、施工和养护中必须重视路基排水工程。根据水源的不同,影响路基的水流可分为地面水和地下水两大类,与此相适应的路基排水工程则分为地面排水和地下排水。

地面水包括大气降水(雨和雪)以及海、河、湖、水渠、水库水。地面水会对路基产生冲刷和渗透,冲刷可能导致路基整体稳定性受到损害,形成水毁现象。渗入路基土体的水分,会使土体过湿而降低路基强度。

地下水包括上层滞水、潜水、层间水等,它们对路基的危害程度,因条件不同而异。轻者能使路基湿软,降低路基强度;重者会引起冻胀、翻浆或边坡滑坍,甚至整个路基沿倾斜基底滑动。水还可能造成掺有膨胀土的路基工程毁灭性的破坏。

路基排水的任务,就是将路基范围内的土基湿度降低到一定的范围内,保持路基常年处于干燥状态,确保路基、路面具有足够的强度与稳定性。

路基设计时,必须考虑将影响路基稳定性的地面水排除和拦截于路基用地范围以外,并防止地面水漫流滞积或下渗。对于影响路基稳定性的地下水,则应予以隔断、疏干、降低,并引导至路基范围以外的适当地点。

路基施工中,首先应校核全线路基排水系统的设计是否完备和妥善,必要时应予以补充或修改,应重视排水工程的质量和使用效果。此外,应根据实际情况与需要,设置施工现场的临时性排水措施,以保证路基土石方及附属结构物在正常条件下进行施工作业,消除路基基底和土体内与水有关的隐患,保证路基工程质量,提高施工效率。

路基养护中,对排水设施应定期检查与维修,以保持排水设施正常使用,水流畅通,并根据实际情况不断改善路基排水条件。

2.路基排水设计的一般原则

(1)排水设计要因地制宜、全面规划、因势利导、综合治理、讲究实效、注意经济,并充分利用有利地形和自然水系。一般情况下地面和地下设置的排水沟渠,宜短不宜长,以使水流不过于汇集,做到及时疏散,就近分流。

(2)各种路基排水沟渠的设置,应注意与农田水利相配合,必要时可适当地增设涵管或加大涵管孔径,以防农业用水影响路基稳定,并做到路基排水有利于农田排灌。路基边沟一般不应用作农田灌溉渠道,两者必须合并使用时,边沟的断面应加大,并予加固,以防水流危害路基。

(3)设计前必须进行调查研究,查明水源与地质条件,重点路段要进行排水系统的全面规划,考虑路基排水与桥涵布置相配合,地下排水与地面排水相配合,各种排水沟渠的平面布置与竖向布置相配合,做到综合治理和分期修建。对于排水困难和地质不良的路段,还应与路基防护加固相配合,并进行特殊设计。

(4)路基排水要注意防止附近山坡的水土流失,尽量不破坏天然水系,不轻易合并自然沟溪和改变水流性质,尽量选择有利地质条件布设人工沟渠,减少排水沟渠的防护与加固工程。对于重点路段的主要排水设施,以及土质松软和纵坡较陡地段的排水沟渠,应注意必要的防护与加固。

(5)路基排水要结合当地水文条件和道路等级等具体情况,注意就地取材,以防为主,既要稳固适用,又必须讲求经济效益。可以考虑"先重点后一般,先地下后地面",采取分期修建和逐步完善的步骤,但要注意不应遗留后患而导致短期内路基、路面的严重破坏,从而影响交通和造成经济等方面的损失。

3.3.2 路基常用的地面排水设施

常用的路基地面排水设施,包括边沟、截水沟、排水沟、跌水与急流槽等,必要时也有渡槽、倒虹吸及积水池等。这些排水设备,分别设在路基的不同部位,各自的主要功能、布置要求或构造形式,均有所差异。路基地表排水设施的流量计算,对于高速公路和一级公路应采用 15 年,其他等级公路应采用 10 年的重现期内任意 30 min 的最大降雨强度。各类地表水沟沟顶应高出设计水位 0.2 m 以上。

1.边沟

边沟一般设置在挖方路基的路肩外侧或低路堤的坡脚外侧,多与路中线平行,用以汇集和排除路基范围内和流向路基的少量地面水。平坦地面填方路段的路旁取土坑,常与路基排水设计综合考虑,使之起到边沟的排水作用。

边沟的排水量不大,一般不需要进行水文、水力计算,依沿线具体条件,选用标准横断面形式。边沟紧靠路基,通常不允许其他排水沟渠的水流引入,亦不能与其他人工沟渠合并使用。

边沟不宜过长,尽量使沟内水流就近排至路旁自然水沟或低洼地带,必要时添设涵洞,将边沟水引入路基另一侧排出。边沟的纵坡(出水口附近除外)一般与路线纵坡一致。

平坡路段,边沟仍应保持 0.3%~0.5% 的最小纵坡。边沟出水口附近,以及排水困难路段,如回头曲线和路基超高较大的平曲线等处,边沟应进行特殊设计。

边沟的横断面形式,有梯形、矩形、三角形及流线型,如图 3-14 所示。

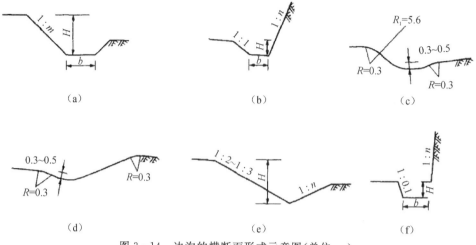

图 3-14 边沟的横断面形式示意图(单位:m)

注:(a)、(b)梯形;(c)、(d)流线型;(e)三角形;(f)矩形。

土质或软弱石质边沟,一般均用梯形,其底宽与深度一般为 0.4~0.6 m。水流少的地区或路段,取低限或更小,但不宜小于 0.3 m;降水量集中或地势偏低的路段,取高限或更大一些。梯形边沟内侧边坡坡度一般为 1:1.0~1:1.5,石质或铺砌加固可取直坡,外侧边坡通常与挖方边坡一致。

石质或铺砌式边沟,常取矩形或近似梯形,以减少沟顶宽度。当采用机械化施工时,如果用地许可,土质边沟可取三角形,其边坡坡度为 1:2~1:3。三角形边坡的水流条件较差,流量较大时,沟深宜适当大些。

流线型边沟,是将路堤横断面的边角整修圆滑,可以防止路基旁侧积沙或堆雪,适用于沙漠或积雪地区的路基。国外有人主张采用流线型路基横断面,以改善道路的景观和增进美观。

边沟可采用浆砌片石、栽砌卵石以及水泥混凝土预制块防护。砌筑用的砂浆强度,对于高速公路、一级公路采用 M7.5 砂浆,其他等级公路采用 M5 砂浆。边沟出水口附近,水流冲刷比较严重,必须慎重布置和采取相应措施。

图 3-15 是路堑与高路堤衔接处的边沟排水布置图,由于边沟泄出水流流向路堤坡脚处,两者高差较大,因此必须根据地形与地质等具体条件,将出水口延伸至坡脚以外,以免边沟水冲刷填方坡脚。

边沟水流流向桥涵进水口时,为避免边沟流水产生冲刷,应做适当处治,图 3-16 是涵洞进口设置窨井的一例。此外还应根据地形等条件,在桥涵进口前或在其他水流落差较大处,设置急流槽与跌水等结构物,将水流引入桥涵或其他指定地点。

当边沟水流流至回头曲线处,一般边沟水较满且流速较大,此时宜顺着边沟方向沿山坡设置引水沟,将水引至路基范围以外的自然沟中,或设急流槽或涵洞等结构物,将水引下山坡或路基另一侧,以免引起对回头曲线路段的冲刷。

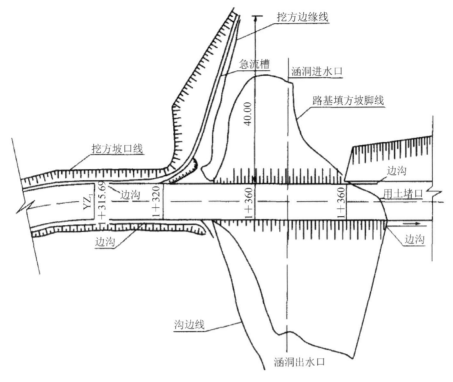

图 3-15 路堑与高路堤的边沟出口布置图

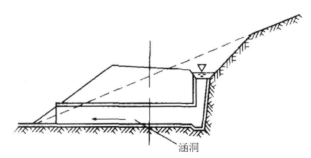

图 3-16 边沟泄水流入涵前窨井剖面图(单级跌水)

2.截水沟

截水沟又称天沟,一般设置在挖方路基边坡坡顶以外,或山坡路堤上方的适当地点,用以拦截并排除路基上方流向路基的地面径流,以减轻边沟的水流负担,保护挖方边坡和填方坡脚不受流水冲刷。降水量较少或坡面坚硬、边坡较低以致冲刷影响不大的地段,可以不设截水沟;反之,如果降水量较多,且暴雨频率较高,山坡覆盖层比较松软,坡面较高,水土流失比较严重的地段,必要时可设置两道或多道截水沟。

图 3-17 是路堑段挖方边坡上方设置的截水沟示例之一,图中距离 d 一般应大于 5.0 m,土质不良地段可取 10.0 m 或更大。截水沟下方一侧,可堆置挖沟的土方,要求做成顶部向沟

倾斜 2% 的土台。路堑上方设置弃土堆时，截水沟的位置及断面尺寸如图 3-18 所示。

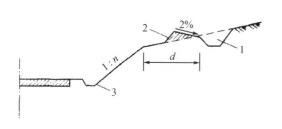 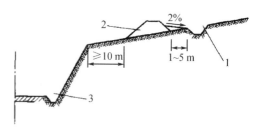

1—截水沟；2—土台；3—边沟。

图 3-17 挖方路段截水沟示意

1—截水沟；2—弃土堆；3—边沟。

图 3-18 挖方路段弃土堆与截水沟关系示意

山坡填方路段可能遭到上方水流的破坏作用，此时必须设截水沟，以拦截山坡水流保护路堤。如图 3-19 所示，截水沟与坡脚之间，要有不小于 2.0 m 的间距，并做成 2% 的向沟倾斜的横坡，确保路堤不受水害。

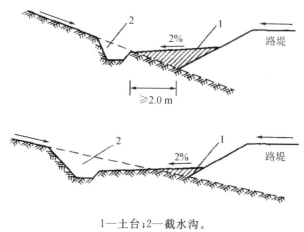

1—土台；2—截水沟。

图 3-19 填方路段上的截水沟示意

截水沟的横断面形式一般为梯形，沟的边坡坡度因岩土条件而定，如图 3-20 所示。沟底宽度 b 不小于 0.5 m，沟深按设计流量而定，亦不应小于 0.5 m。

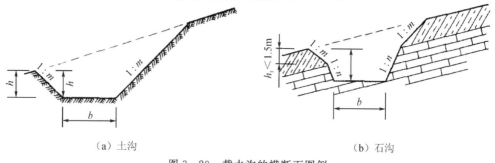

(a) 土沟　　　　　　　　　　(b) 石沟

图 3-20 截水沟的横断面图例

截水沟的位置应尽量与绝大多数地面水流方向垂直,以提高截水效能和缩短沟的长度。截水沟应保证水流通畅,就近引入自然沟内排出,必要时配以急流槽或涵洞等泄水结构物将水流引入指定地点。沟底应具有 0.5% 以上的纵坡,沟底和沟壁要求平整密实、不滞流、不渗水,必要时予以加固和铺砌。截水沟的长度以 200~500 m 为宜。

3.排水沟

排水沟的主要用途在于引水,将路基范围内各种水源的水流,引至路基范围以外的指定地点。当路线受到多段沟渠或水道影响时,为保护路基不受水害,可以设置排水沟或改移渠道,以调节水流、整治水道。

排水沟的横断面形式一般采用梯形,尺寸大小应经过水力水文计算选定。用于边沟、截水沟及取土坑出水口的排水沟,由于流量较小不需特殊计算,底宽与深度均不宜小于 0.5 m,土沟的边坡坡度一般在 1:1~1:1.5 之间。

排水沟的位置可根据需要并结合当地地形等条件而定,离路基尽可能远一些,距路基坡脚不宜小于 3 m,平面上应力求直接,需要转弯时亦应尽量圆顺,做成弧形,其半径不宜小于 10 m,连续长度宜短,一般不超过 500 m。

排水沟水流注入其他沟渠或水道时,应使原水道不产生冲刷或淤积。通常应使排水沟与原水道两者成锐角相交,交角不大于 45°,有条件的可用半径 $R=10b$(b 为沟顶宽)的圆曲线朝向下游与其他水道相接,如图 3-21 所示。

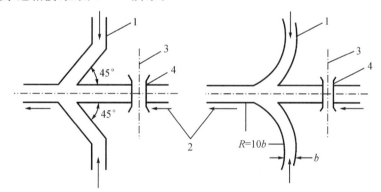

1—排水沟;2—其他渠道;3—路基中心线;4—桥涵。

图 3-21 排水沟与水道衔接示意

排水沟应具有合适的纵坡,以保证水流畅通,不致流速太大而产生冲刷,亦不可流速太小而形成淤积,为此宜通过水文水力计算择优选定。一般情况下,可取 0.5%~1.0%,不小于 0.3%,亦不宜大于 3%。

排水沟及边沟与截水沟,必要时应予以加固,防止水流对沟渠的冲刷与渗漏。路基排水沟渠的加固类型有多种,表 3-5 为土质沟渠各种加固类型,图 3-22 为沟渠加固横断面图,设计时可结合当地条件,根据沟渠土质、水流速度、沟底纵坡和使用要求等确定。

沟渠加固类型与沟底纵坡有关,表 3-6 所列可供设计时参照使用。

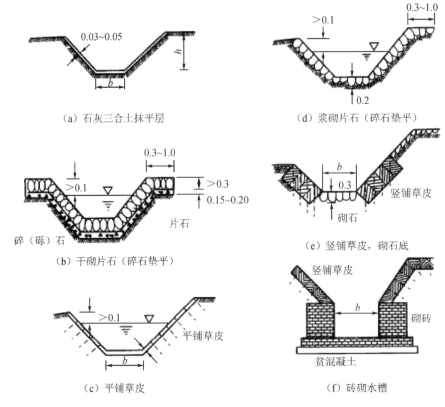

图 3-22 沟渠加固断面图(单位:m)

表 3-5 沟渠加固类型

形式	名称	铺砌厚度/cm
简易式	平铺草皮	单层
	竖铺草皮	迭铺
	水泥砂浆抹平层	2~3
	石灰三合土抹平层	3~5
	黏土碎(砾)石加固层	10~15
	石灰三合土碎(砾)石加固层	10~15
干砌式	干砌片石	15~25
	干砌片石砂浆勾缝	15~25
	干砌片石砂浆抹平	20~25
浆砌式	浆砌片石	20~25
	混凝土预制块	6~10
	砖砌水槽	—

表 3-6　加固类型与沟底纵坡关系

纵坡/%	<1	1~3	3~5	5~7	>7
加固类型	不加固	1.土质好,不加固 2.土质不好,简易加固	简易加固或干砌加固	干砌式或浆砌式加固	浆砌式加固或改用跌水

4.跌水与急流槽

跌水与急流槽是路基地面排水沟渠的特殊形式,用于陡坡地段,沟底纵坡可 45%。由于纵坡陡、水流速度快、冲刷力大,要求跌水与急流槽的结构必须稳固耐久,通常宜采用浆砌块石或混凝土结构,并具有相应的防护加固措施。

跌水的构造,有单级和多级之分,沟底有等宽和变宽之别。单级跌水适用于排水沟渠连接处,由于水位落差较大,需要消能或改变水流方向,图 3-23 表示路基边沟水流通过涵洞排泄时,采用单级跌水(相当于雨水井)的示例之一。较长陡坡地段的沟渠,为减缓水流速度并予以消能,可采用多级跌水,图 3-24 即为示例之一。多级跌水底宽和每级长度,可以采用各自相等的对称形,亦可根据实地需要,做成变宽或不等长度与高度。

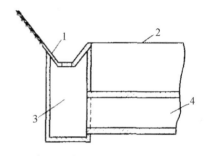

1—边沟;2—路基;3—跌水井;4—涵洞。

图 3-23　边沟与涵洞单级跌水连接示意

跌水两端的土质沟渠,应注意加固,保持水流畅通,不致产生水流冲刷和淤积,以充分发挥跌水的排水效能,见图 3-25。

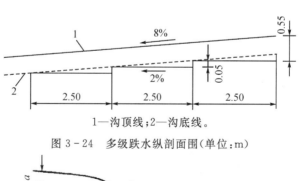

1—沟顶线;2—沟底线。

图 3-24　多级跌水纵剖面围(单位:m)

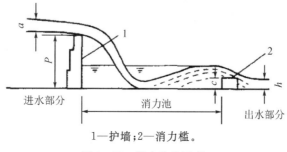

1—护墙;2—消力槛。

图 3-25　跌水构造示意

急流槽的纵坡,比跌水的平均纵坡更陡,结构的坚固稳定性要求更高,是山区公路回头展线,沟通上下线路基排水及沟渠出水口的一种常见排水设施。急流槽主体部分的纵坡,依地形而定,一般可达67%(1∶1.5),如果地质条件良好,需要时还可设置得更陡,但结构要求更严格,造价也相应提高,设计时应通过比较而定。

急流槽多用砌石(抹面)和混凝土结构,也可利用岩石坡面挖槽。如临时急需时,可就地取材,采用竹木结构。

急流槽的构造,如图3-26所示。按水力计算特点,急流槽由进口、主槽(槽身)和出口三部分组成。地面排水的特殊结构物,多半是配合农田水利所需而采用的。

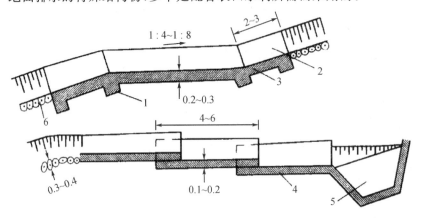

1—耳墙;2—消力池;3—混凝土槽底;4—钢筋混凝土槽底;
5—横向沟渠;6—砌石护底。

图3-26 急流槽构造示意图(单位:m)

急流槽的进出口与主槽连接处,因沟槽横断面不同,为了能平顺衔接,可设置过渡段,出口部分设有消力池。各个部分的尺寸,依水力计算而定。对于设计流量不超过1.0 m³/s,槽底倾斜为1∶1～1∶1.5的小型结构,可参照图3-26。急流槽的基础必须稳固,端部及槽身每隔2～5 m在槽底设耳墙埋入地面以下。槽身较长时,宜分段砌筑,每段长一般为5～10 m,预留伸缩缝,并用防水材料填缝。

5.倒虹吸和渡水槽

当水流需要横跨路基,同时受到路基设计标高的限制时,可以采用管道或沟槽,从路基底部或上部架空跨越,前者称为倒虹吸,后者为渡水槽,分别相当于涵洞和渡水桥,两者均属于路基地面排水的特殊结构物,并且多半是配合农田水利所需而采用的。

倒虹吸管的设置往往是因路基跨越原有沟渠,且沟渠水位高于路基设计标高,不能按正常条件下设置涵洞,此时采用倒虹吸是可行的方案之一,图3-27是其布置示例的一种。

倒虹吸是借助上下游沟渠水位差,利用势能迫使水流降落,经路基下部管道流向路基另一侧,再升高流入下游水渠。由于所设管道为有压力管道,竖井式倒虹吸的水流多次垂直改变方向,水流条件较差,结构要求较高,容易漏水,经常淤塞,且难以清理和修复,应尽量不用或少用;若使用则需合理设计,进行水力计算,选择最佳设计方案,并要求保证施工质量,使用时要经常检查维修。

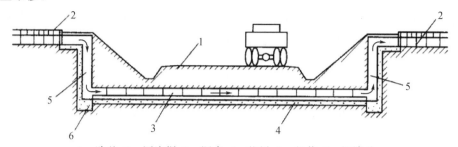

1—路基;2—原沟渠;3—洞身;4—垫层;5—竖井;6—沉淀池。

图 3-27　竖井式倒虹吸布图

倒虹吸管道有箱形和圆形两种,以混凝土和钢筋混凝土结构为主,临时性简易管道可用砖石结构,永久性或急需时亦可改用钢铁管道。管道的孔径一般为 0.5~1.5 m,管道附近的路基填土厚度,一般不小于 1.0 m,以免行车荷载压力过于集中,严寒地区亦可用以防冻。考虑到倒虹吸的泄水能力有限,以及为了施工和养护方便,管道亦不宜埋置过深,填土高度以不超过 3.0 m 为宜。

倒虹吸管道两端设竖井,井底标高低于管道,起沉淀泥沙与杂物作用,亦可改用斜管式或缓坡式,以代替竖井式升降管,此时水流条件有所改善,但路基用地宽度增大,管道长度增加。为减少堵塞现象,设计时要求管道内水流的速度不小于 1.5 m/s,并在进口处设置沉沙池和拦泥栅,如图 3-28 所示。

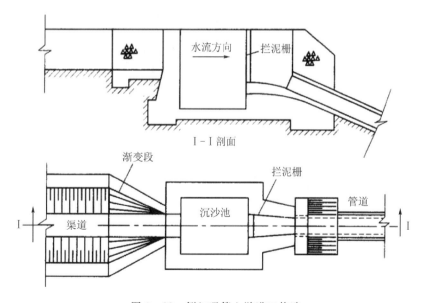

图 3-28　倒虹吸管上游进口构造

倒虹吸管进口处所设的沉沙池,位于原沟渠与管道之间的过渡段,池底和池壁采用砌石抹面或混凝土,厚度一般为 0.3~0.4 m(砌石),或 0.25~0.30 m(混凝土),池的容量以不溢水为度。水流经过沉沙池后,水中仍含有细粒泥沙或轻质漂浮物,可设网状拦泥栅予以清除,确保虹吸管道不致堵塞,但拦泥栅本身容易被堵塞,需要经常清理,以保证水流畅通,避免沉沙池和沟渠溢水而危害路基。倒虹吸的出口也应设过渡段与下游沟渠平顺衔接,并对原有土质沟渠进行适当加固。

渡水槽相当于渡水桥,如图 3-29 所示。原水道与路基设计标高相差较大,如果路基两侧地形有利或当地确有必要,可设简易桥梁,架设水槽或管道,从路基上部跨越,以沟通路基两侧的水流。

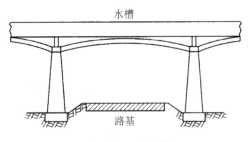

图 3-29 渡水槽

渡水槽的架设应满足道路对净空与美化的要求,其构造与桥梁相似,但其主要作用是沟通水流,故除应在结构上具有足够强度以外,在效能方面应适合排水的要求,其中包括进出口的衔接,防止冲刷和渗漏等。

渡水槽由进出水口、槽身和下部支承三部分组成,其中进(出)口段的构造,参见图 3-30。

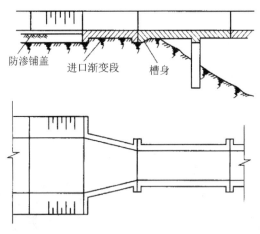

图 3-30 渡水槽进出口布置

为节省工程造价,槽身过水横断面一般均较两端的沟渠横断面要小,槽中水流速度相应有所提高,因此进出口段应注意防止冲刷和渗漏。进出水口处设置过渡段,根据土质情况,分别将槽身两端伸入路基两侧地面 2~5 m,而且出水口过渡段宜长一些,以防淤积。如果主槽较短,可取槽身与沟渠的横断面相同,沟槽直接衔接,可不设过渡段。水流横断面不同时,过渡段的平面收缩角一般为 10°~15°,据此可确定过渡段的有关尺寸。与槽身连接的土质沟渠应予以防护加固,其长度至少是沟渠水深的 4 倍。

6.蒸发池

在气候干旱、排水困难地段,可利用沿线的集中取土坑或专门设置蒸发池排除地表水。蒸发池与路基边沟(或排水沟)间应设置排水沟连接。蒸发池边缘与路基边沟距离不应小于 5 m,面积较大的蒸发池不得小于 20 m。池中水位应低于排水沟的沟底。

蒸发池的容量应以一个月内路基汇流入池的雨水能及时完成渗透与蒸发作为设计依据。每个蒸发池的容水量不宜超过 200 m³,蓄水深度不应大于 1.5 m。

蒸发池的设置应以不使附近的地面形成盐渍化或沼泽化为原则。

3.3.3 路基常用的地下排水设施

在路基工程中,将路基及边坡土体中的上层滞水,或埋藏较浅的潜水称为地下水。当地下水影响路基的强度或边坡稳定时,可设置兼排地面水的地下沟管,如暗沟(管)、渗沟检查井等地下排水设施进行排除。

常用的路基地下排水设备有盲沟、渗沟和渗井等,其特点是排水量不大,主要是以渗流方式汇集水流,并就近排出路基范围以外。对于流量较大的地下水,应设置专用地下管道予以排除。

由于地下排水设备埋置于地面以下,不易维修,在路基建成后又难以查明失效情况,因此要求地下排水设备能牢固有效。

1.盲沟

相对于地面排水的明沟而言,盲沟又称暗沟,具有隐蔽工程的含义。从盲沟的构造特点出发,由于沟内分层填以大小不同粒径的颗粒材料,利用渗水材料透水性将地下水汇集于沟内,并沿沟排泄至指定地点,此种构造相对于管道流水而言,习惯上称为盲沟,在水力特性上属于素流。

如图 3-31 所示为一侧边沟下面所设的盲沟,用以拦截流向路基的层间水,防止路基边坡滑坍和毛细水上升危及路基的强度与稳定性。

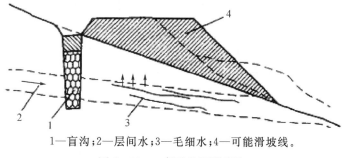

1—盲沟;2—层间水;3—毛细水;4—可能滑坡线。

图 3-31 一侧边沟下设盲沟

如图 3-32 所示为路基两侧边沟下面均设盲沟,用以降低地下水位,防止毛细水上升至路基工作区范围内,形成水分积聚而造成冻胀和翻浆,或土基过湿而降低强度等。

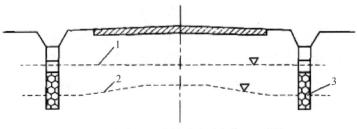

1—原地下水位;2—降低后地下水位;3—盲沟。

图 3-32 两侧边沟下设盲沟

如图 3-33 所示为设在路基挖方与填方交界处的横向盲沟,用以拦截和排除路堑下面层间水或小股泉水保持路堤填土不受水害。

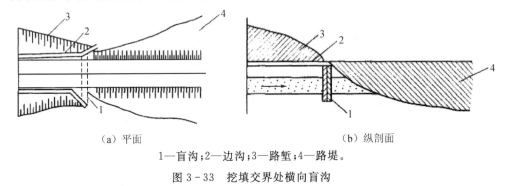

1—盲沟;2—边沟;3—路堑;4—路堤。

图 3-33 挖填交界处横向盲沟

以上所述的盲沟,沟槽内全部填满颗粒材料,可以理解为简易盲沟,其构造比较简单,横断面成矩形,亦可做成上宽下窄的梯形,沟壁倾斜度约 1∶0.2,底宽 b 与深度 h 大致为 1∶3,深一般为 1.0～1.5 m,则底宽一般为 0.3～0.5 m。盲沟的底部中间填以粒径较大(3～5 cm)的碎石,其缝隙较大,水可在缝隙中流动。粗粒碎石两侧和上部,按一定比例分层(层厚约 10 cm)填以较细粒径的粒料,逐层粒径比例大致按 6 倍递减。盲沟顶部和底面,一般设有厚 30 cm 以上的不透水层,或顶部设有双层反铺草皮。

简易盲沟的排水能力较小,不宜过长,沟底要具有 1%～2% 的纵坡,出水口底面标高应高出沟外最高水位 20 cm,以防水流倒渗。

2. 渗沟

采用渗透方式将地下水汇集于沟内,并通过沟底通道将水排至指定地点,此种地下排水设备统称为渗沟,它的水力特性也是紊流但在构造上与上述简易盲沟有所不同。

渗沟有盲沟式、洞式、管式三种结构形式,如图 3-34 所示。

盲沟式渗沟与上述简易盲沟相似,但构造更为完善。当地下水流量较大,要求埋置更深时,可在沟底设洞或管,前者称为洞式渗沟,后者称为管式渗沟。

渗沟的位置与作用,视地下排水的需要而定,大致与图 3-31 到图 3-33 所示的简易盲沟相仿,但沟的尺寸更大,埋置更深,而且要进行水力计算来确定尺寸。公路路基中,浅埋的渗沟一般在 2~3 m,深埋时可达 6 m 以上。

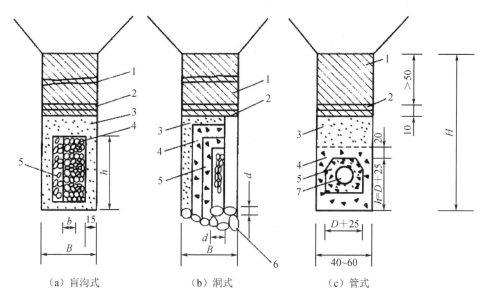

(a) 盲沟式　　(b) 洞式　　(c) 管式

1—黏土夯实;2—双层反铺草皮;3—粗砂;4—石屑;5—碎石;
6—浆砌片石沟洞;7—预制混凝土管。

图 3-34　渗沟结构图式(单位:cm)

渗沟底部设洞或管,底部结构相当于顶部可以渗水的涵洞。

3. 渗井

渗沟属于水平方向的地下排水设备,当地下存在多层含水层,其中影响路基的上部含水层较薄,排水量不大,且平式渗沟难以布置时,可采用立式(竖向)排水而设置渗井,穿过不透水层,将路基范围内的上层地下水引入更深的含水层中去,以降低上层的地下水位或全部予以排除。图 3-35 为圆形渗井的结构与布置图式之一。

渗井的平面布置以及孔径与渗水量,按水力计算而定,一般为直径 1.0~1.5 m 的圆柱形,也可是边长为 1.0~1.5 m 的方形。井深视地层构造情况而定,井内由中心向四周按层次地填入由粗而细的砂石材料,粗料渗水,细料反滤。填充料要求筛分冲洗,施工时需用铁皮套筒分隔填入不同粒径的材料,要求层次分明,不得粗细材料混杂,以保证渗井达到预期排水效果。

鉴于渗井施工不易,单位渗水面积的造价高于渗沟,一般尽量不用。有时,因土基含水量较大,严重影响路基、路面的强度,其他地下排水设备不易布置,其他技术措施如隔离层等的造价较高时,此时渗井可作为方式之一,设计时应进行分析比较,有条件地选用。

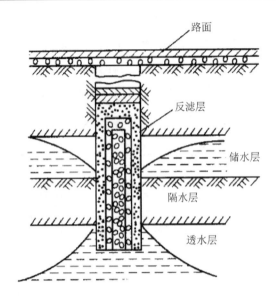

图 3-35 渗井结构与布图

3.4 一般路基设计

一般路基是指在一般工程地质、水文地质条件下,填方高度和挖方深度小于规范规定的高度和深度的路基。一般路基设计可以结合当地的地形、地质情况,直接套用典型横断面图或设计规定,而不必进行个别论证和验算。对于工程地质特殊路段和高度(深度)超过规范规定的路基,应进行个别设计和稳定性验算。

路基设计的基本内容包括路基基身设计、路基排水设计、路基防护与加固设计,以及其他附属设施的设计。其他附属设施包括弃土堆、取土坑、护坡道、碎落台、堆料坪及错车道等。

3.4.1 路基设计的基本内容

1.路基设计分类

路基设计分为标准设计和个别设计两类。

标准设计是指在一般的工程地质、水文地质条件下,边坡高度不超过现行铁路路基设计规范中所规定的范围,可采用一般施工方法施工的路基。一般路基的设计可采用标准设计。这种路基在线路中最常见,工程量较大。

路基的个别设计是指除上述一般设计以外,在特殊条件下的路基工程设计包括以下几种:

(1)工程地质及水文地质条件复杂或路基边坡高度超过现行规范规定的路基。

(2)修筑在陡坡上的路堤。陡坡是指地面横向坡率等于或陡于1∶2.5的边坡,若填料与基底均为不易风化的岩石时,则指地面横向坡率等于或陡于1∶2的边坡。

(3)在滑坡地段、崩塌地段、岩堆地段、泥石流地区、水库地区、河滩及滨河地段、软土和泥沼地区、裂隙黏土地区、岩溶及其他坑洞地区、多年冻土地区、风沙地区、雪害地区等特殊条件下的路基。

(4)有关路基的防护加固及改移河道工程。

(5)采用大爆破及水力冲填施工方法的路基。

个别设计的路基应作好工程地质和水文地质的调查,对路基断面、边坡和基底的设计要进行必要的检算。采用各种防护加固设施时,常需作多种方案的综合技术经济比较,以确保路基的坚固稳定。

2.路基设计的基本内容

路基设计应根据铁路等级及技术标准,结合当地的自然条件进行设计。

路基设计的具体内容包括以下几方面:

(1)对铁路沿线地区自然条件进行调查与勘测,收集所需的设计资料,如沿线地区地质、水文、地形、地貌、气象等资料。

(2)根据路线纵断面设计确定的填挖高度,结合沿线地质、水文调查资料,设计路基主体,确定路基横断面形状及边坡坡率。对一般路基,可根据规范规定,按路基典型横断面直接绘制路基横断面图。对工程地质和水文地质条件复杂或路基高度超过规范规定,或虽不超过规范规定,但具体工程有一定要求时,须进行个别设计。

(3)根据铁路沿线地面水和地下水流情况,进行排水系统的总体布置,以及地面、地下排水结构物的设计。

(4)视路段需要,进行坡面防护、冲刷防护和支挡构筑物的布置与设计计算。

(5)路基工程的其他设施的布设与计算,如取土坑、弃土堆、护坡道等。

3.路基设计的程序

路基设计分初步设计和技术设计(施工图设计)两个阶段。对于工程简易、方案明确、主要技术原则已经确定了的设计对象,可采用一个阶段设计。

(1)初步设计。

路基初步设计是线路初步设计阶段中的一个重要部分。在线路初步设计中,主要目的是通过勘测对一个以上可供比较的线路设计方案进行技术经济比较,从而确定最优的可行方案,所以路基初步设计也应以此为目的。在路基初步设计中,必须充分了解线路初步设计方案的目标与要求,并获得线路平、纵断面设计资料,大比例尺地形图与地质、水文资料以便作纸上研究,据此可以按照路基工程难易和分类原则,区分为标准设计路基段和个别设计点(或段),以便在进行全线实地调查中有重点地进行研究。在作路基初步设计时,对标准设计路基段,可直接套用标准设计图,以线路纵断面设计所提供的线路中心填挖高来确定路基填挖方并进行土石方工程量计算。标准设计路基段的路基设备通常只考虑地面排水和坡面防护两项。路基地面排水中的路堑两侧侧沟可按水沟的标准断面列入路堑挖方内。堑顶天沟、路堤排水沟与截水沟,可从地形图上计算其长度,一般以土沟的标准断面计算其土方量,即沟深 0.6 m,底宽 0.4 m,边坡∶1 或 1∶1.5。沟底坡 i 大于 6%~8% 的地段应加计加固工程量。边坡防护在坚石类路堑中按坡面面积的 1/10 计算其防护面积,以浆砌片石防护计算其工程量。其他路基边坡的坡面用植草防护。

个别设计地段的路基,初步设计阶段应用近似计算法对路基的稳定性和防护加固措施以及路基断面作粗略计算。在初步设计阶段中,当个别设计路基在工程实施中有技术上的困难或工程经济不合理时,还应进行改移线路位置,降低线路标高,以及与改设桥隧建筑物等方案进行比较,以使线路方案更加合理。路基初步设计阶段,对标准设计路基段应提出各段和全线的工程量和工程费概算,通常可以不作详细的检算。对个别设计段应单独提出方案意见、工程措施和工程量以及改善线路方案的可行性研究分析。

(2)技术设计。

路基技术设计是在线路设计方案已定的情况下进行的,它是指导施工的重要技术文件。

① 资料准备。

A. 技术资料。收集线路平、纵断面设计图,沿线的横断面测量资料,地质、水文资料。在初步设计中已经提出的个别设计地段还应有 1∶500 的大比例尺地形图,地质不良地段应有地质平面图、断面图与钻探等资料,滨河线路的路基段应有 300 年或 100 年一遇的洪水位、流量、流速、河流平面图,以及河床断面与地质资料等。

B. 经济资料。应取得沿线土地的利用情况、土地行政区归属、土地单价、农田水利设施、土石方施工单价、路堤填料来源与路堑弃方利用经济价值等有关经济资料。

在作现场调查与核对中,对于路堤地段应着重解决填料的来源、土质分析、地面水来源、流量与排水去向。在路堤修筑造成农田排灌设施失效时,地面排水规划应与地方的排灌和其他设施结合。在现场勘测中应着重在对路堤稳固有影响的因素上作处理,如路堤边坡落在水塘洼地内,路堤基底软弱,地面有横坡等的路堤稳定。现场工作结束时,应对标准设计路堤的断面设计与防护处理形成一个明确的意见,在技术设计中加以实施。路堑的情况大致与路堤相同,但现场勘测工作的重点首先在于查明边坡土质,确定边坡坡率和坡面防护的类型;其次为堑顶排水的水沟走向与路堑开挖土方的利用或弃置地点。对于个别设计工点,现场勘测工作应核实地形、地质、水文资料和研究处理方案,为路基设计与计算做好准备工作。

② 设计内容。

路基技术设计在标准设计路基地段还应完成以下工作:

A. 复核线路纵断面图内的路肩标高,对岩质土路基的路肩标高和曲线段的路肩标高作修正;增补由于地形、地质、水文等因素需对路基填高作特别处理的各点路肩标高。

B. 进行路基本体断面设计,绘制横断面图。路基横断面图一般按线路行进方向依次绘制在计算纸上,比例尺取 1∶200。在横断面图上应标出路基面宽度(包括路基面加宽),绘出边坡形状和分别注明其坡率与平台设置标高及尺寸。当路堤以不同土质分层填筑时,还应在图中注明分层填筑的标高。在路基横断面图上,按照路基的弃、取土设计和路基地面排水设计,把取土坑、弃土堆及水沟绘于横断面上,并注明其距离和构造尺寸,水沟应标出流向与沟底纵坡。

C.计算路基横断面面积,计算土石方工程量,进行土石方调配。路基本体的填挖方工程量按平均面积法或平均距离法计算。

a.平均面积法。

$$\sum V = \frac{A_1+A_2}{2} \cdot L_1 + \frac{A_2+A_3}{2} \cdot L_2 + \cdots + \frac{A_{n-1}+A_n}{2} \cdot L_{n-1} \quad (4-1)$$

式中:$A_1, A_2, \cdots, A_n$——每个断面面积;

$L_1, L_2, \cdots, L_{n-1}$——两相邻断面间距离;

$\sum V$——土方量。

b.平均距离法。

将式(4-1)加以变换可得:

$$\sum V = A_1 \cdot \frac{L_1}{2} + A_2 \cdot \frac{L_1+L_2}{2} + A_3 \cdot \frac{L_2+L_3}{2} + \cdots + A_n \frac{L_{n-1}}{2} \quad (4-2)$$

路堤的填方应尽量利用路堑的挖方作为填料来源,在路堑挖方中用作路堤填料的土石方量称为利用方,余下的弃土土石方量则称为施工方。在路基工程中应尽量减少施工方,以减少弃土量以及弃土堆置的场地面积。但是路堑挖出的土石只有在适合作路堤填料和运费经济的情况下才有利用价值。

D.计算标准设计路基段的工程费。依据各段的土石方工程量和防护加固工程量,依据不同的工程费单价进行计算。土石方工程的单价因土石方的开挖和填筑条件不同,上坡运输与下坡运输以及运距长短等的不同而有不同的计算法。所以,设计者应熟悉各种工程和材料的市场价格,掌握一定的概预算知识,使工程投资经济、合理。

4.路基设计所需资料

不论是路基的标准设计或个别设计,随着设计阶段(初步设计、技术设计)与设计要求的不同,所需资料内容与详细程度也有所不同。一般所需资料包括下列内容:

(1)线路与列车载重资料:线路地形平面图、线路纵断面图与横断面图。作个别设计的地段还应有大比例尺平面图与工点横断面图、线路等级、机车类型、轨道标准等。

(2)地质资料:线路的地质平面、纵断面图、横断面图,工程地质说明书,土质与地下水质试验资料,地下水位、流向、渗透系数资料等。

(3)气象水文资料:气象资料包括年降雨量、降雪量、气温、冻结深度与时间、风向、风力、风速等资料;水文资料包括路基设计地段河流的最高和最低水位、流量、流向、流速、浪高、壅水高度的资料,以及冲刷防护设计所需的资料等。

(4)其他资料:如设计任务书的要求。建筑材料的分布与调查资料以及水准基点,其他线路标志如坡率、标高及桥、隧、车站的里程,对旧线地段更需将病害资料和防治情况等收集备用。

5. 路基设计文件

综上所述,两个设计阶段应交付的文件图表虽详略不同,但一般应包括下列主要内容:

(1)设计说明书:说明路基设计地段的地形、地质条件及设计原则,包括路基加固附属工程及土石方调配、施工养护注意事项及有待进一步解决的问题等。

(2)设计图表:包括一般路基横断面设计图并附排水系统图。个别设计路基应有设计地段路基的平、纵、横断面图并附地质资料,以及结构大样图。

(3)工程数量、材料数量、机械种类及数量、工程概算、铁路用地明细表等。

6. 标准路基横断面图式

在铁路路基工程中,常常可以遇到设计要求和设计条件相同或基本相似的情况,为了减少或避免做重复性的设计计算工作,将在设计中经常遇到并可以共用的设计图式加以认定,便成为可直接引用的标准图式。

路基标准图式有两种:其一是在一般情况下,地基良好,无不良工程地质和水文地质问题,无其他不良因素作用,路基可以按照现行规范进行设计而形成的图式,这种图式有较强的通用性;其二是在某些特定的条件下或特定的要求下制订的图式,它在特定条件或特定要求相同的路基工程中适用,在一定范围内有通用性。路基横断面的标准图式表明路基本体的构造尺寸和各种防护、排水等设施的基本尺寸,所以,在实际应用时,对于各种防护设施、排水设备,以及如路堤的取土和路堑弃土的处理等,都有一定的设计计算工作,标准图式为各项设计的取值提供了依据。以下为在铁路路基工程中最为常见的路堤和路堑的标准图式。

(1)路堤标准横断面。

路堤的标准设计断面系根据土的种类、地面横向坡率及边坡高度等分别给出的,图3-36为边坡高度不大于8 m,地面横坡$i \leq 1:10$,两侧设有取土坑的一般黏性土路堤标准设计断面。图3-37为地面横坡大于1:5而小于1:2.5的黏性土路堤标准设计断面。

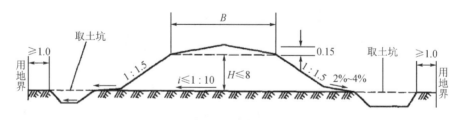

图3-36 路堤标准横断面(一)(单位:m)

进行路基横断面标准设计时,在排水方面只考虑大气降雨的影响。对于路堤来说,地面排水设备是排水沟或按规定挖通的取土坑。地面有明显横坡时,排水沟或作排水用的取土坑应

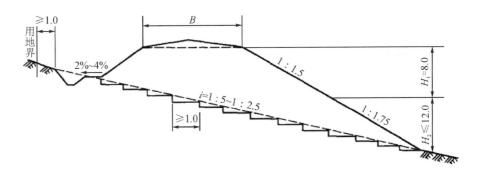

图 3-37 路堤标准横断面(二)(单位:m)

设在路堤迎水一侧。地面横坡不明显时,可设置在路堤两侧。排水沟一般底宽为 0.4 m,深 0.6 m。如汇水量过大而有漫溢可能时,则应根据径流流量,在迎水一侧加设一道或数道截水沟,或加大排水沟断面。

排水沟或取土坑至路堤坡脚应有一定的距离,这一位置称为天然护道,其宽度一般不小于 2 m。设护道是为了使水沟或坑内的水不影响路堤的稳定性。在无排水沟或取土坑的一侧也应设护道,以免雨水在坡脚滞留和农田积水对路堤产生不利影响。在地质和排水条件良好的地段或经济作物高产田地段,若采取一定措施足以保证路堤稳定时,可将天然护道宽度减至 1.0 m。

排水沟或取土坑至用地界应留有不少于 1 m 的宽度,以保持沟壁的完整。

2.路堑标准横断面

路堑的标准设计断面根据土质条件有多种形式,图 3-38(a)为有弃土堆的一般黏性土路堑标准设计断面,图 3-38(b)为无弃土堆的粗砂、中砂路堑标准设计断面,图 3-38(c)为岩石路堑标准设计断面。

路基面两侧的排水沟称为侧沟,用以排引路基面和边坡上的地面水。一般黏性土和细砂土的路堑侧沟,底宽不应小于 0.4 m,沟深不应小于 0.6 m,干旱少雨地区沟深可减至 0.4 m。一般黏性土的侧沟边坡,靠线路一侧为 1∶1,靠田野一侧与边坡坡率一致。岩质路堑的侧沟可修建成槽形,底宽和深度均不应小于 0.4 m。侧沟纵坡一般应与路堑地段的线路纵坡相同,若线路的纵坡为 0 或小于 2‰,侧沟可作成单面坡或双面坡,后者常用于长路堑内,以免侧沟下游段开挖太深,双面坡侧沟的分水点处,沟深可减至 0.2 m。在困难条件下,侧沟沟底纵坡可减至 1‰。

路堑顶缘以外部分称为路堑堑顶,置于堑顶的弃土应建成弃土堆。为保证路堑边坡的稳定,弃土堆内侧坡脚至堑顶边缘间应保持一定的距离,其大小随边坡的土质条件与边坡高度而定,一般为 2~5 m。若无弃土堆路堑顶缘至天沟边缘距离一般不小于 5 m,如土质良好、堑坡不高或天沟铺砌时,可减至 2 m。湿陷性黄土路堑天沟至路堑顶缘间的距离,一般不小于 10 m,并应加固防渗。

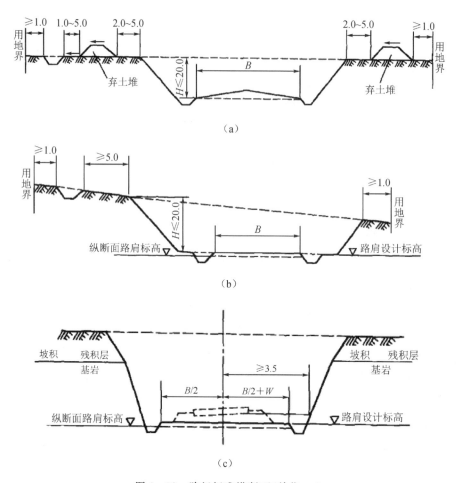

图 3-38 路堑标准横断面(单位:m)

为保证弃土堆本身的稳定,其边坡不得陡于 1:1,高度不宜超过 3 m,弃土堆在山坡迎水一侧应连续堆积。弃土堆至堑顶边缘间的地面应整平成倾向路堑的缓坡以利排水,必要时,此处地面及堑坡可防护加固。弃土堆如在山坡下侧时,应间断堆积,每隔 50~100 m 留出 1 m 以上的缺口,以便弃土堆内侧的水顺利排出。沿河弃土时,应防止下游路基与河岸的冲刷,避免弃土阻塞、污染河道,必要时应设置挡护设施。桥头弃土不得挤压桥墩,阻塞桥孔。

3.5 路基施工技术

路基工程土石方量大,分布不均匀,不仅与自身的其他工程与设施,如路基排水、防护与加固等相互制约,而且同铁路工程的其他工程项目,如桥涵、隧道及附属设施相互交错,因此,路基施工在质量标准、技术操作、施工管理方面有特殊性,必须予以研究和不断改进。

铁路施工属野外操作,边远山区自然条件差,运输不便,物资设备的供应及施工队伍的调度均不易。路基工地分散,遇特殊不良地质现象时易使一般的技术问题变得复杂化,某些复杂的技术问题更是难以用常规的方法和凭通常的经验去解决。此外,在路基施工中,还存在诸如场地布置难、临时排水难、用土处置难、路基压实难等不利因素。路基隐蔽工程较多,质量不合标准会给铁路运营留下隐患,一旦产生病害,不仅会损害铁路的使用质量,导致列车运营速度下降及经济损失,而且往往后患无穷,难以根治。因此,为确保路基质量,实现快速、高效率安全施工,必须重视施工技术与管理。就目前情况而言,首先要有一支专业的施工队伍,配有相应的技术骨干和机具设备,建立和健全施工技术操作规程与质量检测验收制度,采用现代化的施工管理方法等。

3.5.1 路基施工准备

1.施工调查与审核设计

施工单位在接到施工设计文件后,应组织有关技术人员进行审核,充分了解设计意图,核对地形及地质资料。如发现错误,应及时与设计人员联系,更正设计错误。审核后的设计文件,应作审核记录,并由审核人签字。需办理变更设计手续的,应立即办理完善。为做好土石方调配和施工组织设计工作,需着重搜集下列资料:

(1)特殊土地区和特殊条件下的路基地质情况、河道情况、地下水位、冻结深度、风沙或泥石流季节等。

(2)核对土石方类别及其分布,进行填料初步核查和试验,调查高填、深挖、站场施工环境条件,取土、弃土困难地段的填料来源以及弃土位置和运土条件(包括运距、道路交通情况)等。

(3)大量石方爆破地段的地形、地貌、地质、附近居民、建筑物、交通与通信设施情况。

(4)农作物收、种季节及平均产量,办理用地补偿工作所需资料。

(5)为办理房屋、道路、管路、线路等拆迁补偿工作和清理施工现场所需的资料。

(6)改建既有线或增建二线并行路基时,既有线的运营情况、路基状况以及为采取安全合理、施工方便的工程措施所需资料。

(7)修筑各项临时工程、施工机械及运输组装场地、施工防排水措施的资料。

(8)现场布置、机具配备、工期安排。

(9)任务划分、队伍部署、驻地选择。

根据沿线调查资料,写出调查报告,提出施工初步安排意见、施工中存在的问题及解决的措施。

2.测量放线

完成现场交桩之后,必须完成中线、水准的贯通测量,并与相邻地段贯通闭合,之后再施放线路中线桩和路基边桩。中线、水准、边桩的测量误差必须符合《新建铁路工程测量规范》(TB 10101—99)的有关规定。测量工作必须贯彻双检制。

3.征租土地

铁路用地及界内设施的拆迁、补偿必须遵守现行《国家建设征用土地条例》的有关规定。

通常的办法是依据设计规定的路基用地范围与取、弃土用地范围划定用地界限,计算征地数量,同时依施工设备、料场、生产和生活房屋等计算征地数量,向政府土地管理机关报送征、租地计划,经批准后按政府统一定价补偿。

4. 拆迁建筑物

用地范围内的既有房屋、道路、水渠、水闸、牲口圈、水井、水窖、通信电力设备、各种管道、坟墓、祠堂、庙宇以及文物、永久性测量标桩、地质或地震长期观察设施等公私建筑或土地附着物,应按设计进行详细核查,会同业主及有关单位依据设计部门提供的协议书确定拆迁、拆除或防护方案和完成期限,并明确责任者,订立合同(或协议),写明补偿依据和标准金额,于开工前办妥拆迁。

5. 修建施工便道(包括渡口码头等)、排水系统、临时工程设施

施工便道宜结合地方交通部门规划的永久性道路计划,参照临时道路修建标准进行修建,并力求避免与铁路、通信电力线路、农田灌渠和各种大型管道平交。如无法避免时,应与所属业主订立协议,按有关安全技术规定设置标志。

不论是填方还是挖方,开工前均应按设计图纸和规范的有关规定,将急需的永久性排水工程先行施工,并按施工过程的需要设置临时排水设施。建筑生产与生活用房屋,架设通信、电力线路,解决工程与生活用水设施,修建机械停放场与料库。

6. 土质调查与鉴定

根据设计要求,结合工程对象及路基结构,选择合格的填料。填料的鉴定由主管技术人员与试验人员现场勘察取样(包括取土场、路基基底),通过试验确定填料类别,提供检验指标数据,选择确定取土场地。完成土工试验后,按规定填写试验报告,经相关部门审核签认后方可使用。

7. 路基施工组织设计编制

(1)编制施工进度计划图。

①确定施工程序:根据路基施工的特点和条件,运用网络计划技术,确定合理的施工程序。对主要程序应明确哪一项为先,哪一项后续,哪些可以平行作业,如何形成流水作业等。

②划分施工项目:按已确定的施工方法和劳动组织,确定施工过程中的工作项目。对工程量大、用工多、工期长的项目,影响下一道工序的项目及工序间需要穿插配合的项目均应细致安排,不可遗漏。一般施工项目的划分和工序名称的确定,宜与预算项目对应。

③划分流水段:应有利于路基结构的整体性和稳定性,其工作面应便于施工操作,发挥机械效率和劳动效率。

④计算工程量、劳动量、机械台班量。

⑤确定各施工项目(或工序)的作业时间:应按工作量计算最早开始、最早结束、最迟开始、最迟结束的总时差、自由时差等时间参数。

⑥绘制路基工程施工进度计划图,如图 3-39 所示。

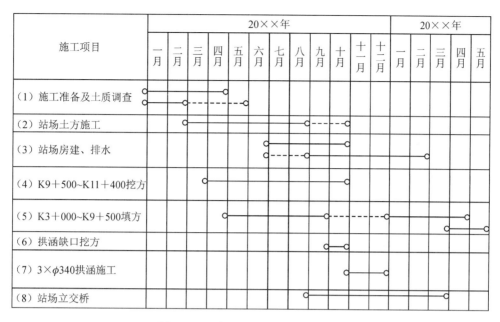

图 3-39 路基工程施工进度计划图

(2)编制路堤填筑网络图。

①确定施工作业工序流程:通常划分为施工准备、基底处理、分层填筑、铺摊平整、碾压夯实、检验签证、路基整修等工序。

②确定各道工序的时间:一般按所配备机械的类型和数量进行估算。

③划分作业区段:根据机械作业流程的需要,一般划分为四个区段,即填筑区段、平整区段、碾压区段、检测区段。每个区段的长度按碾压机械的最佳距离确定,但最短不得短于 40 m。

④找出作业流程的主要矛盾线:一般压实工序是施工控制的关键,所以在配备工程机械时,应做到使各工序作业时间大致相等。

⑤绘制施工网络图:路堤填筑施工网络图见图 3-40。

8.路基土石方调配方案制定

路基施工开始前,应做好土石方调配方案。土石方调配是在线路纵断面图填挖方与土石方数量表的基础上进行的,是施工组织中的重要内容。合理的土石方调配既能减少路基工程量缩短工期、降低工程成本,同时还能少占农田、支援农业。

(1)土石方调配的基本概念。

在路基土石方施工前,首先需要解决的问题是填筑路堤的土应从哪里取、路堑开挖出来的土石又运到哪里去、这些挖出来的土石是否可用来填筑路堤。如果挖填两处距离较近,则移挖作填是省工、省时、经济合理的;如距离较远或有障碍(如隔河、山等),则可能不经济。因此,在各个路基工点中,必须进行合理调配。确定哪些挖方的土石应运到填方处去利用,哪些挖方的土石应运到弃土堆中,哪些填方的土应从取土坑或取土场去取,这就叫作土石方调配。

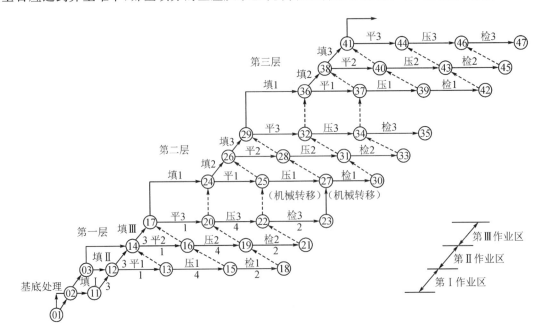

图 3-40　路堤填筑施工网络图例

(2)土石方调配的原则。

①节约用地,尽量利用荒地、劣地、空地作为取土、弃土的场地,少占耕地,并结合施工改地造田。

②取土坑的深度与弃土的堆置地点,要考虑排水系统的全面规划,禁止弃土堵塞渠道。取土坑的深度应使坑底标高与桥涵沟底标高相适应,以利排水。

③在经济运距范围内,充分利用移挖作填。如挖方数量小于填方数量时,可以先横向取土填筑路堤底部,再纵向利用路堑的挖土填筑路堤的上部。如路堤两侧取土有困难时,可采取放缓路堑边坡或扩大断面的方法取土。当挖方数量大于填方数量时,可先横向将多余土方丢弃,再纵向运输到路堤处填筑,如图 3-41 所示。

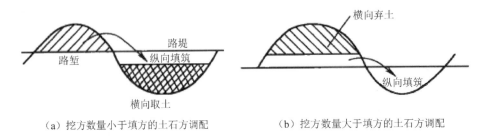

(a)挖方数量小于填方的土石方调配　　(b)挖方数量大于填方的土石方调配

图 3-41　土石方调配

④进行土石方调配时,还可充分利用改河、改沟、改移公路等附属工程的土方。隧道开挖出来的岩块可充分利用来修建桥涵、挡土墙等结构物,还可用作线路道砟。预留的复线位置或

拟扩建站场的范围,都不应在其挖方上弃土,亦不应在预留填方处取土,最好将挖方上的弃土弃于预留填方处。

⑤大填大挖间的小填小挖应提前完成施工,为大填大挖整平运输通道。在调配的范围内,如有大桥、长隧道阻碍,则一般不考虑跨越调配。如有中小桥、涵洞阻碍,则需根据施工工期的长短,适当考虑进行跨越调配。

⑥计算调配的土石方数量时,还应考虑:

a. 土石方经过挖掘、运输、填筑及压实后,其体积较原来有所变化,有的体积增大,有的体积减小。增加值或减少值可用松散率或压缩率来表示,其数值的大小与土石成分、性质、压实度、含水率和施工方法等有关。在调配时,土石方的数量应根据其压缩率或松散率的经验数值进行调整。

b. 土石在挖、装、运、卸过程中的损耗。

c. 用机械填筑路堤时,为了保证压实路基边缘部分的填土,施工时须将路堤每侧多填宽约 0.4~0.5 m。除上述各点外,还应注意到土石方调配与施工方法的密切关系。施工方法不同,土石方调配的数量和经济运距也不同。要做好土石方调配工作,不能单靠设计文件和图纸,必须进行现场调查。只有结合现场实际情况进行的调配才具有实际意义。

(3)土石方调配前的研究工作。

①掌握全线各段的路堑挖方量和路堤填方量以及运输土方量。在路堑挖方量中,还应根据土石的工程性质,区分出块石材料、碎石材料、可利用土和不可利用土。如千枚岩风化物作为路堤填方时容易出现路基病害,不应用作路基填料,应划为弃方。土石种类或开挖方法不同,其值也不同,因此在计算施工方数时,应按断面方数乘胀余率计算。在路堤借土中也相同。所以,路堤的断面方数为取土方数乘以胀余率与压缩率之差。一般说来,胀余率并不等于压缩率。

②确定土石方可调配范围。土石方的可调配区应交通通畅,如果填方工点和挖方工点间有交通障碍物,如隧道阻隔、桥涵阻隔或为长陡坡上坡方向重车运输,则应划分为不同的调配区。土石方调配通常只在一个区内进行。在一个调配区内,为使运输通畅而需增加的土石方与简易道路设施可另作计划列入。

③当路堑有弃方或路堤填方不足时,需预定弃土点和借土点。以上的计算不仅限于路基本体部分的土石方量,也包括路基防护工程。但是,如其土石方量不大或为后期工程时,则一般不列入统计范围。在土石方调配区段内有桥隧工程时,它们的土石方常与路基土石方一并作调配计划。

(4)经济运距计算。

进行路基土石方调配前,必须先确定经济运距,即路堑开挖出来的弃方运到路堤的纵向运输,比由取土坑取土横向运到路堤更经济的最大运距。经济运距可按下列方法计算:

设路堑挖出的 1 m³ 土纵向运送 $L(m)$ 距离到路堤的费用为 A_m,则

$$A_m = A + b \cdot L \tag{3-1}$$

式中：A——挖 1 m³ 土并装到运具中的费用；

b——1 m³ 土运送 1 m 距离的费用。

如果上述路堑挖方不纵向运送至路堤作填方，而将挖方运至弃土堆，同时路堤填方向取土坑取土横向运至路堤，设其总费用为 A_n，则

$$A_n = (A + b \cdot L_弃) + (A + b \cdot L_取) \qquad (3-2)$$

式中：$L_弃$——挖土送至弃土堆的距离；

$L_取$——取土坑至路堤的距离。

当 $A_m \leqslant A_n$ 时，L 为经济运距，即

$$A + b \cdot L = (A + b \cdot L_弃) + (A + b \cdot L_取)$$

$$L \leqslant \frac{A + (L_弃 + L_取) \cdot b}{b} \qquad (3-3)$$

经济运距只是单纯考虑降低工程造价的结果，不包括占用农田等其他因素。

(5)调配方法。

区间路基土石方的调配，一般采用线的调配方法。常用的调配方法有两种：一种是在调配明细表上进行；一种是绘制土积调配图，在图上进行。不论采用何种方法，均应按上述确定的全线区间路基土石方调配原则进行调配。

3.5.2 路堤填筑技术

路堤填筑施工工艺是一种以工序管理为中心，以工序质量保工程质量，以工作质量保工序质量的全面质量管理方法。

按照系统分析原理，路基填筑压实工艺应划分为三阶段、四区段、八流程。

三阶段：施工准备阶段→施工阶段→整修验收阶段。

四区段：填筑区→平整区→碾压区→检测区。

八流程：施工准备→基底处理→分层填筑→摊铺平整→洒水晾晒→碾压夯实→检验签证→路基整修。

各区段或流程内只允许进行该段和流程的作业，不允许几种作业交叉进行。

每个区段的长应根据使用机械的能力、台车数量确定。为了保证机械有足够的安全作业场地，每区段长度最少不得少于 40 m。长度不够或因桥涵隔断不连续时，也应按四个区段程序安排施工。分段工作由主管技术人员、队长、领工员在现场确定。

1.基床以下土质路堤的填筑工艺

土质路堤包括填砂卵石(粗粒土)及填黏性土(细粒土)，填筑压实工艺流程如图 3-42 所示。

(1)准备阶段。

①施工准备。

测量放线，组织有关人员学习设计文件和施工技术规范，根据填料和施工机械编制施工组

织,建立土工试验室,做有关土工试验,准备好现场质量测试仪器设备。

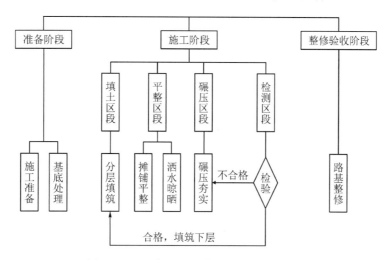

图 3-42 基床以下土质路堤填筑施工工艺

②基底处理。

路基基底应根据施工时的地面和土质的实际条件,按设计文件要求进行处理。

a.拆迁地面建筑物,砍伐地面种植的附着物,清除地面植被,挖除树根。

b.对于路堤高度大于基床厚度,且原地面横坡缓于 1:10 的地段,一般经预压后可直接在天然地面上填筑。原地面横坡陡于 1:10 的地段,应先开挖搭接平台,进行台阶处理,搭接平台的宽度不小于 2 m,然后进行基底平整和碾压,并根据不同的地表土用不同的试验方法进行基底试验,经检测合格后方能填土。

c.对于高度小于基床厚度的低路堤,为了保证基床质量,在基床厚度范围内应无软弱土夹层(即 P_s<1.5 MPa 或[σ]<0.18 MPa 的土层),否则应采取地基改良和加固措施。

d.如地基表层为软弱土层(N<4 或 P_s<1 MPa)时,应根据软弱土层的性质、厚度、含水率、地表积水深度等,采取排水疏干、挖除换填、抛填片石或填砂砾石等地基加固措施,以保证基底稳固。施工时应按照施工规范有关规定办理。

e.基底压实度检查。先使用核子湿度密度仪检验压实系数,再使用 K_{30} 荷载板检验地基系数,最后经技术人员会同监理工程师现场检查核实并签认。

f.在分层填筑前,应依据技术标准、压实机械性能、填料土质类别,先作填土压实试验段。试验段长度为 100～200 m,宽度至少为压路机宽度的 3 倍。压路机走行三行,相邻两行中间重叠至少 0.3 m,三行碾压相同遍数。在中间一行取样进行压实度试验,确定填层厚度及各类机械的压实参数,并以此指导施工。

(2)施工阶段。

①分层填筑。

a.路堤填筑应采取横断面全宽、纵向水平分层填筑压实方法。当原地面高低不平时,应先从最低处分层填筑,由两边向中心填筑。为保证路堤全断面的压实一致,确保边坡压实质量,边坡两侧各超填 0.4~0.5 m,竣工时刷坡整平。

b.运距在 100~400 m 时,使用履带式拖式铲运机运输。运距在 400~5000 m 时,使用轮式自动铲运机运输;运距在 5 km 以上时,使用汽车配合挖掘机或装载机装运。

c.根据填土高度及由试验段确定的分层厚度及压实参数,由主管技术人员计算出计划分层数、压路机走行速度、碾压遍数,并绘出分层施工图,向队长、领工员、班长、指挥卸土人员、压路机司机进行书面技术交底。队长、领工员必须认真控制铺土厚度,并配合机械随时调整厚度。

d.为节省摊铺平整时间,在运送填料时,要控制倒土密度。铲运机应按要求厚度卸铺均匀,一次到位。采用自卸车倒土时,根据车容量计算堆土间距,以便平整时控制各层厚度均匀。

e.用不同填料填筑路堤时,各种填料不得混杂填筑。

②摊铺平整。

a.填筑区段完成一层卸土后,要用推土机进行初平,再用平地机进行终平,做到填铺面在纵向和横向平顺均匀,控制层面无显著的局部凹凸,以保证压路机压轮表面能基本均匀地接触地面进行碾压,达到碾压效果。

b.对于非渗水填料,平整后再做成向两侧 4% 的横向排水坡。为有效控制每层虚铺厚度,初平时应用水平仪控制每层的虚铺厚度。在摊铺的同时,应对路肩进行初步压实,并保证压路机压到路肩时不致发生滑坡。

③洒水晾晒。

a.细粒土和粉砂、黏砂土填料在碾压前应控制其含水率在由试验区段压实工艺确定的施工允许含水率范围内。

b.当填料含水率较低时,应及时采用洒水措施,加水量可按一般规定中加水量公式计算,洒水可采用取土场内提前洒水淋湿和路堤内洒水搅拌两种方法。当含水率过大时,可采用取土场内挖沟拉槽降低水位和用推土机松土器拉松晾晒相结合的方法,或将填料运至路堤摊铺晾晒。

④碾压夯实。

a.碾压前应向压路机司机进行技术交底,其内容包括碾压起讫范围、压实遍数、压实速度等。

b.根据填料的不同和路堤的不同部位,严禁采用大吨位重型振动压路机(自重 12~15 t 以上)进行压实。压实顺序应按先两侧后中间,先慢后快,先静压后振动压的操作程序进行碾压。各区段交接处应互相重叠压实,纵向搭接长度不小于 2 m,沿线路纵向行与行之间压实重叠应在 0.4 m 以上。

c.非绿化区边坡压实采用挖掘机改装的夯实设备或其他边坡压实机具进行边坡压实,对于设计有绿化要求的坡面采用人工夯拍与种植植被相结合的方法进行。

⑤检验。

a.试验人员在取样或测试前必须检查填料是否符合要求,碾压区段是否压实均匀,填筑层厚度是否超过规定厚度。填料击实试验采用重型击实标准,操作规程按照现行《铁路工程土工试验规程》(TB 10102—2004)执行。土样发生变化时必须做击实试验。土样没有发生变化,当填筑体积达到 5000 m³ 时,需重新做击实试验。

b.路基填土压实的质量检测应随分层填筑碾压施工分层检测。在填料质量、填筑厚度、填层面纵横方向平整均匀度等符合规定标准的基础上,进行压实系数或地基系数的测定。压实系数检测采用环刀法、灌砂法、灌水法、气囊法或核子湿度密度仪,地基系数 K_{30} 采用荷载板试验进行检测。试验方法及频度按照有关规定要求。凡没有达到标准者,不予签证,下达质量不合格通知单,要求重新压实,直到合格为止。

(3)整修验收阶段。

①路堤按设计标高填筑完成后,应进行平整和测量,恢复中线,每 20 m 设一桩,进行水平标高测量,计算平整高度,施放路肩边桩,修筑路拱,并用平碾压路机碾压一遍,使路面光洁无浮土,横向排水坡符合要求。

②自检测量。自检测量要求直线方向闭合差,在自检长度小于 400 m 时,每 100 m 允许 5 mm,自检长度大于 400 m 时允许 20 mm;曲线方向闭合差,每条曲线均为 50 mm;直线测距闭合差与曲线测距闭合差均为 1/2000;中线标高允许偏差为 ±50 mm;路面宽不小于设计宽度,每 100 m 丈量三个点。

③对于细粒土边坡,依据路肩边线桩,用人工按设计坡率挂线刷去超填部分,进行整修拍实。整修后的边坡应达到转折处棱线明显,直线处平直,变化处要顺。边坡刷去超填部分后,应进行整修夯实,做到坡面平顺没有凹凸,压实密度合格。

2.基床以下石质路堤的施工工艺

基床以下路堤可用合格的石渣料分层填筑压实,填石路基填料应按规定要求进行鉴别和试验,一般应采用级配较好的硬质岩块,严重风化的软岩不得用于路基填筑,易风化的岩块不得用于路堤浸水部分。每层石渣料虚铺厚度不大于 0.8 m,其中块石最大尺寸不得大于 0.3 m,不同尺寸的石渣填料应级配填筑。石渣料压实应采用振动碾压实,并通过现场试验确定现场压实参数。

基床以下填石路基压实工艺流程可分为三个阶段、四个主要区段、八个主要工艺流程,如图 3-43 所示。

(1)准备阶段。

①施工准备。测量放线,组织有关人员学习设计文件和施工技术规范,根据填料和施工机械编制施工组织,建立土工试验室,做有关土工试验,准备好现场质量测试仪器设备。

②基底处理。与基床以下填土路堤类似,不再赘述。

(2)施工阶段。

应依据施工组织设计,各区段依次循环作业,达到要求标准后方可进行下一步作业。

①边坡码砌。边坡码砌与填筑石渣同时进行,以保证靠近边坡的填料碾压密度。到填筑

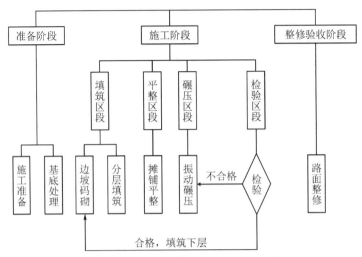

图 3-43 基床以下填石路堤填筑工艺流程

第二层时进度应超前,每层边坡码砌要在碾压前完成。码砌边坡的路基每侧加宽 0.2 m,码砌后的边坡坡率应符合设计要求,坡面为大致平整或为有规则的台阶,如图 3-44 所示。

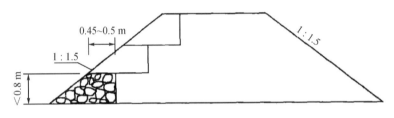

图 3-44 边坡码砌示意图

②分层填筑。填筑时,应采用按横断面全宽,纵向分层填筑压实。半填半挖地段不得将爆破的岩块直接横向倾填,应按照纵向分层填筑压实方法施工。每层填料应用不同粒径的岩块混合填筑,必须严格控制填筑厚度,填筑时对大于 0.3 m 的块石要改小或清除出去,并避免大块集中造成孔洞。填筑时,应安排好运行路线,专人指挥卸渣,水平分层填筑,先低后高,先两侧后中央。

③摊铺平整。整平石渣料是保证压实效果的重要环节,整平要注意使路基在纵向和横向的填筑比较均匀,整平一般使用推土机初步推平,岩块之间无明显的高差,大石块要解体,然后再用平整机摊铺平整,在每层的表面填筑厚 10 cm 左右的砾石或粒径不大于 10 cm 的碎石,达到层面基本平整,无孤石突出,以保证碾压密实。

④振动碾压。压实功能及压实方法是影响压实效果的主要因素。采用重型压实机械振动压实时,运行速度采用一档效果较好,碾压先从路两侧向中间逐步展开,碾平时行与行之间要有 1/3 的重叠量(约 0.4~0.5 m),两个填筑段之间要保证有 1~1.5 m 的重叠量。

⑤检验。质量检验包括填料、填筑厚度、平整度、K_{30} 值。

(3)整修验收阶段。

路堤按设计标高填筑完成后,应先恢复中线,进行水平标高测量,计算平整高度,整理整修资料。路面经整修后,用平碾压路机碾压一遍,使路面平顺无浮石,横向排水坡符合设计要求。

3.冲击碾压技术施工工艺

(1)施工工艺。

冲击压路机较常规压路机具有不同的压实工艺,不采用现有压路机压半轮或部分重叠碾压的施工方法,而是按冲击力向土体深层扩散分布的性状,提出新的冲击碾压方法与施工工艺。冲击压路机双轮各宽 0.9 m,两轮内边距 1.17 m,行驶两次为一遍,冲碾宽度为 4 m,每次冲击力按冲碾轮触地面积边缘与地表以 $45°-\varphi/2$ 夹角向土体内分布土压力。每遍第二次的单轮由第一次两轮内边距中央通过,形成的理论冲碾间隙双边各 0.13 m。当第二遍的第一次向内移动 0.2 m 冲碾后即将第一遍的间隙全部碾压。第三遍再恢复到第一遍的位置碾,依次进行至最终遍数。各种土石路基碾 20~40 遍可以使路基形成厚 1.0 m~1.5 m 的均匀加固层。

(2)冲击碾压效果。

①减小路堤的工后沉降率。

通过室内模型试验与现场路堤沉降量试验观测,路基在达到规范要求的压实度时,其工后沉降率为 0.4% 左右。高填方路堤采用冲击碾压技术施工可使工后沉降率接近 0.1%~0.15%,能较好地避免差异变形所引发的裂缝,这是解决土石高填方路堤变形病害的有效技术措施。

②提高路基整体强度与均匀性。

使用冲击压路机分层冲击碾压高路堤与补压振碾达标基床工程,能较好地提高路基的整体强度与均匀性,有利于避免路面的早期损坏。

③使用冲击碾压技术的注意事项。

A.合理选用机型。

工程实践证明,宜使用 25 kJ 三边形双轮冲击压路机或 25 kJ 五边形双轮冲击压路机。

B.正确使用冲击碾压施工工艺。

双轮冲击压路机应按通过两次为一遍,压实宽度 4 m 为计算单元,并按前述的施工工艺作业。单轮冲击压路机以通过一次的轮宽为压实计算单位。

C.正确理解冲击碾压有较宽的含水率范围。

由于冲击压路机具有高能量的压实功能,相当于超重型击实标准的击实功,达到重型压实度的含水率仅在小于最佳含水率范围内扩大,其大于最佳含水率的范围不会扩大。因此,含水率视土的塑性指数大小进行控制,否则厚 80~100 cm 土层冲压会形成弹簧土,无法压实。

D.控制构造物的安全距离。

冲击压路机的轮边与构造物应有 1 m 的安全距离,桥涵构造物上填土厚度不少于 2.5 m。

3.5.3 路堑开挖技术

1. 土方路堑的开挖

(1)土方开挖要求。

①已开挖的适用于种植草皮和其他用途的表土,应储存于指定地点。

②对开挖出的适用材料,应用于路堤填筑。各类材料不应混杂。不适用的材料应按规定办理。

a.在开挖路堑弃土地段前,应提出弃土的施工方案,报有关单位批准后实施(该方案包括弃土的方式、调运方案、弃土的位置、弃土形式、坡角加固处理方案、排水系统的布置及计划安排等)。方案改变时,应报批准单位复查。

b.弃土堆的边坡不应陡于1:1.5,顶面向外应设不小于2%的横坡,其高度不应大于3 m。路堑旁的弃土堆,其内侧坡脚与路堑顶之间的距离,对于干燥硬土不应小于3 m;对于软湿土不应小于路堑深度加5 m。

c.在山坡上侧的弃土堆应连续而不中断,并在弃土前设截水沟;山坡下面的弃土堆应每隔50～100 m设不小于1 m的缺口排水,弃土堆坡脚应进行防护加固。

d.严禁在岩溶漏斗处、暗河口处、贴近桥墩台处弃土。

③不论开挖工程量和开挖深度大小,土方开挖均应自上而下进行,不得乱挖超挖,严禁掏洞取土。在不影响边坡稳定的情况下采用爆破施工时,应经过设计单位批准。

④路堑开挖中,如遇土质变化需要修改施工方案及边坡坡率时,应及时报批。

(2)土方路堑开挖。

根据路堑深度和纵向长度,土方路堑开挖可按下列方式进行。

①横挖法。以路堑整个横断面的宽度和深度,从一端或两端逐渐向前开挖的方式称为横挖法,如图3-45所示。横挖法适用于短而深的路堑。

a.用人力按横挖法挖路堑时,可在不同高度处分几层台阶开挖。台阶高度宜为1.5～2.0 m。无论是从两端一次横挖到路基标高还是分台阶横挖,均应设单独的运土通道及临时排水沟。

b.用机械按横挖法挖路堑且弃土(或以挖作填)运距较远时,宜用挖掘机配合自卸汽车进行。每层台阶高度可增加到3～4 m。其余要求与人力开挖路堑相同。

c.路堑横挖法开挖路堑也可用推土机进行。若弃土或以挖作填运距超过推土机的经济运距时,可用推土机推土堆积,再用装载机配合自卸汽车运土。

d.机械开挖路堑时,边坡应配以平地机或人工分层修刮平整。

②纵挖法。沿路堑全宽以深度不大的纵向分层挖掘的方法称为分层纵挖法,如图3-46(a)所示。分层纵挖法适用于较长的路堑开挖。

先沿路堑纵向挖掘一通道,然后将通道向两侧拓宽,上层通道拓宽至路堑边坡后,再开挖下层通道,如此向纵深开挖至路基标高的方法称为通道纵挖法,如图3-46(b)所示。通道纵

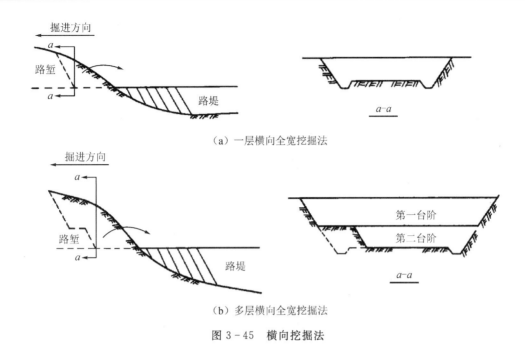

图 3-45 横向挖掘法

挖法适用于路堑较长、较深,两端地面纵坡较小的路堑开挖。

沿路堑纵向选择一个或几个适宜处,将较薄一侧堑壁横向挖穿,使路堑分为两段或数段,各段再沿纵向开挖的方法称为分段纵挖法,如图 3-46(c)所示。分段纵挖法适用于路堑较长,弃土运距过远的傍山路堑,且其一侧路堑不厚的路堑开挖。

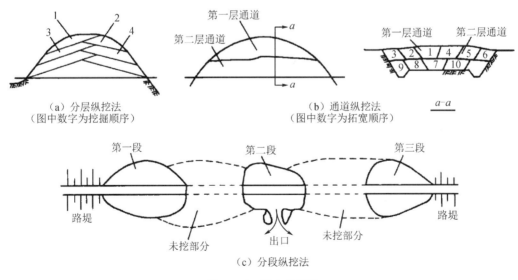

图 3-46 纵向挖掘法

a.当采用分层纵挖法挖掘的路堑长度较短(不超过 100 m),开挖深度不大于 3 m,地面坡率较陡时,宜采用推土机作业。

b.采用推土机作业时,每一铲挖地段的长度应能满足一次铲切达到满载的要求,一般为 5~10 m,铲挖宜在下坡时进行;对于普通土,下坡坡率宜为 10%~18%,不得大于 30%;对于松土,下坡坡率不宜小于 10%,亦不得大于 15%;傍山卸土的运行道应设有向内稍低的横坡,但应同时留有向外排水的通道。

c.当采用分层纵挖法挖掘的路堑长度较长(超过 100 m)时,宜使用铲运机作业。

d.对于拖式铲运机和铲运推土机,铲斗容积为 4~8 m³ 的适宜运距为 100~400 m,容积为 9~2 m³ 的适宜运距为 100~700 m。自行式铲运机的适宜运距可照上述运距加倍。铲运机在路基上的作业距离不宜小于 100 m。有条件时,宜配备一台推土机(或使用铲运推土机)配合铲运机作业。

e.铲运机运土道的单道宽度不应少于 4 m,双道宽度不应少于 8 m;重载上坡坡率不宜大于 8%,空驶上坡坡率不得大于 50%;弯道应尽可能平缓,避免急弯;路面表层应在回驶时刮平,重载弯道处路面应保持平整。

f.铲运机作业面的长度和宽度应能使铲斗易于达到满载。在地形起伏的工地上,应充分利用下坡铲装;取土应沿其工作面有计划地均匀进行,不得局部过度取土而造成坑洼积水。

g.铲运机卸土场的大小应满足分层铺卸的需要,并留有回转余地。填方卸土应边走边卸,防止成堆。行走路线外侧边缘至填方边缘的距离不宜小于 20 cm。

③混合挖掘法。

当路堑纵向长度和挖深都很大时,宜采用混合挖掘法,即将横挖法与通道纵挖法混合使用。先沿路堑纵向挖通道,然后沿横向坡面挖掘,以增加开挖坡面,如图 3-47 所示。每一坡面应设一个施工小组或一台机械。

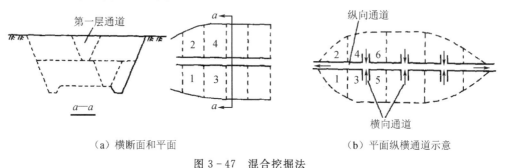

(a) 横断面和平面　　　　　　　(b) 平面纵横通道示意

图 3-47　混合挖掘法

注:图中箭头表示运土及排水方向,数字表示工作面号数。

(3)边沟及截水天沟开挖要求。

①边沟、截水沟及其他引、截排水设施的位置、断面尺寸等,应符合设计图纸的规定。应先做好这类排水设施,其出口应通至桥涵进、出水口处。截水沟不应在地面坑凹处通过。必须通过时,应先按路堤填筑要求将凹处填平压实,然后再开挖,并应注意防止不均匀沉陷和变形。

②平曲线外边沟沟底纵坡应与曲线前后的沟底相衔接。曲线内侧不得有积水或外溢现象发生。

③路堑和路堤交接处的边沟应徐缓引向路堤两侧的天然沟或排水沟,不得冲刷路堤。路基坡脚附近不得积水。

④所有排水沟渠应从下游出口向上游开挖。

⑤所有排截水设施应满足下列要求:

a.沟基稳固,严禁将排水沟挖筑在未加处理的弃土上;

b.沟形整齐,沟坡、沟底平顺,沟内无浮土及杂物;

c.沟水排泄不得对路基产生危害;

d.截水沟的弃土应用于在路堑与截水沟间筑土台,并分层压实(夯实),台顶设2%倾向截水沟的横坡,土台边缘坡脚距路堑顶的距离不应小于设计规定。

2.石方路堑的开挖

石方应根据岩石的类别、风化程度和节理发育程度等确定其开挖方式。对于软石和强风化石,能用机械直接开挖的均应采用机械开挖。凡不能采用机械或人工直接开挖的石方,应采用爆破方法开挖。

石方需用爆破法开挖的路段,如空中有缆线,应查明其平面位置和高度,还应调查地下有无管线,若有则应查明其平面位置和埋设深度,同时应调查开挖边界线外的建筑物结构类型、完好程度、距开挖界距离,然后制订爆破方案。任何爆破方案的制订,都必须确保空中缆线、地下管线和施工区边界外的建筑物的安全。爆破法开挖石方应按以下程序进行:施爆区管线调查→炮位设计与设计审批→配备专业施爆人员→用机械或人工清除爆破区覆盖层和强风化岩石钻孔→爆破器材检查与试验→炮孔(或坑道、药室)检查与废渣清除→装药与安装引爆器材→布置安全岗和施爆区安全员→炮孔堵塞→撤离施爆区和飞石、强地震波影响区内的人、畜→起爆→清除瞎炮→解除警戒→测定爆破效果(包括飞石、地震波对施爆区内外构造物造成的损伤及造成的损失)。

石方开挖应充分重视挖方边坡稳定,宜选用中小炮爆破;开挖风化较严重、节理发育或岩层产状对边坡稳定不利的石方时,宜用小型排炮微差爆破,小型排炮药室距设计坡线的水平距离不应小于炮孔间距的1/2。当岩层走向与路线走向基本一致,倾角大于15°,且倾向铁路侧或者开挖边界线外有建筑物,施爆可能对建筑物地基造成影响时,应在开挖层边界沿设计坡面打预裂孔,孔深同炮孔深度,孔内不装炸药和其他爆破材料,孔的距离不宜大于炮孔纵向间距的1/2。开挖层靠边坡的两列炮孔,特别是靠顺层边坡的一列炮孔,宜采用减弱松动爆破。开挖边坡外有必须保证安全的建筑物,即使采用减弱松动爆破都无法保证建筑物安全时,可采用人工开凿、化学爆破或控制爆破。

炮眼位置选择应注意以下几点:

a.炮位设计应充分考虑岩石的产状、类别、节理发育程度、溶蚀情况等,炮孔药室宜避开溶洞和大的裂隙。

b.避免在两种岩石硬度相差很大的交界面处设置炮孔药室。

c.非群炮的单炮或数炮爆破,炮孔宜选在抵抗线最小、临空面较多,且与各临空面大致距离相等的位置,同时应为下次布设炮孔创造更多的临空面。

d.群炮炮眼间距宜根据地形、岩石类别、炮型等确定,并根据炮眼间距、岩石类别、地形、炮眼深度计算确定每个炮眼的装药量和炸药种类。对于群炮,宜分排或分段采用微差爆破。

e.非群炮的单炮或数炮爆破,炮眼方向宜与岩石临空面大致平行,一般按岩石外形、节理、裂隙等情况,分别选择正炮眼、斜炮眼、平炮眼或吊眼等。

(1)中小型爆破。

裸露药包法是将药包置于被炸物体表面或经清理的石缝中,药包表面用草皮或稀泥覆盖,然后进行爆破。这种方法限用于破碎孤石或大块岩石的二次爆破。

①炮眼法。

a.炮眼深度。炮眼深度取决于岩石的坚硬程度,可按下式计算:

$$L = C \cdot H \tag{3-4}$$

式中:L——炮眼深度,单位为 m;

H——爆破岩石的厚度或阶梯高度,单位为 m;

C——岩石坚硬程度系数,坚石为 1.0~1.5,次坚石为 0.85~0.95,软石为 0.7~0.9。

b.炮眼间距。用排炮爆破时,同排炮眼的间距视岩石的类别、节理发育程度,参照下式确定:

$$\alpha = b \cdot W \tag{3-5}$$

式中:α——炮眼间距,单位为 m;

W——最小抵抗线,单位为 m;

b——系数,采用火雷管起爆为 1.2~2.0,采用电雷管起爆为 0.8~2.3。

当使用多排排炮爆破时,炮眼应按梅花形布置,炮排距约为同排炮孔距的 0.86 倍。

c.装药量。炮眼的装药深度一般为炮孔深度的 1/3~1/2,特殊情况下也不得超过 2/3。对于松动爆破或减弱松动爆破,装药深度可降到炮孔深度的 1/3~1/4。

d.提高爆破效果的措施。为提高爆破效果,可选用空心炮(炮眼底部设一段不装药的空心炮孔)、石子炮(底部或中部装一部分石子)或木棍炮(用直径为炮孔直径的 1/3,长 6~10 cm 的木棍装在底部或中部)进行爆破。

②药壶法(葫芦炮)。

药壶炮是将炮眼底部扩大成葫芦形,将炸药装在炮眼底部的扩大部分,以提高爆破效果的一种炮型。葫芦炮炮眼较深,适用于均匀黏土(硬土)、次坚土、坚石的爆破。对于炮眼深度小于 2.5 m,节理发育的软石,地下水较发育或雨季施工时,不宜采用药壶法。

a.葫芦炮炮眼深度一般为 5~7 m,不宜靠近设计边坡布设,药室距设计坡线的水平距离不宜小于最小抵抗线。

b.葫芦炮的用药量按下式计算:

$$Q = K \cdot W^3 \tag{3-6}$$

式中:Q——炸药质量,单位为 kg;

W——最小抵抗线,单位为 m,一般为阶梯高度的 $0.5 \sim 0.8$ 倍;

K——单位岩石的硝铵炸药消耗量,单位为 kg/m^3,软石为 $0.26 \sim 0.28$,次坚石为 $0.28 \sim 0.34$,坚石为 $0.34 \sim 0.35$。

c.单排群炮用电雷管起爆,药包炮眼间距为

$$a = (0.8 - 1.0)W \qquad (3-7)$$

式中:a——炮眼间距,单位为 m;

W——相邻两炮之间最小抵抗线的平均值,单位为 m。

d.多排群炮各排之间的药包间距为

$$b = 1.5W \qquad (3-8)$$

当炮眼布置成三角形时,上、下层药包间距为

$$a = 2W_下 \qquad (3-9)$$

式中:$W_下$——下层最小抵抗线,单位为 m。

③猫洞炮。

猫洞炮是将集中药包放入直径为 $0.2 \sim 0.5$ m、炮眼深 $2 \sim 6$ m 的水平或略有倾斜的炮洞中的一种炮型。它适用于硬土、胶结良好的古河床、冰碛层、软石或节理发育的次坚石的爆破。对于坚石可利用其裂隙修成导洞或药室。这种炮型对大孤石、独岩包等爆破效果更佳。

a.炮眼深度应与阶梯高度及自然地面横坡相配合,遇到高阶梯时要布置多层药包。烘膛应根据岩石类别,分别采用浅眼烘膛、深眼烘膛和内部扩眼等。

b.当被炸松的岩体能坍塌出路基时,用药量为

$$Q = KW^3 \cdot f(a) \cdot d \qquad (3-10)$$

式中:Q——用药量,单位为 kg;

W——最小抵抗线,单位为 m;

K——形成标准抛掷漏斗的单位耗药量,单位为 kg,一般不宜用抛掷爆破,而是采用松动爆破或减弱松动爆破,用药量为抛掷爆破的 $1/2 - 1/3$;

$f(a)$——抛坍系数,$f(a) = 26/a$,其中 a 为地面横坡率数;

d——堵塞系数,可近似用 $d = 3/h$ 计算,其中 h 为眼深。

当被炸松的岩体不能坍塌出路基时,用药量为

$$Q = 0.35 KW^3 d \qquad (3-11)$$

式中符号意义同前,其中 0.35 相当于式中 $a = 70° \sim 75°$ 时的情况。

c.炮孔间距为

$$a = (1.0 - 1.3)W \qquad (3-12)$$

式中:W——相邻两药包计算抵抗线的平均值,单位为 m;

$1.0 \sim 1.3$——系数,可根据岩石硬度、节理发育程度及地面坡率 a 的大小而定,宜采用 $1.0 \sim 1.2$;当 $a > 70°$ 时,可采用 $1.2 \sim 1.3$,但须注意,间距过大会使爆破物块度过大,增加二次爆破数量。

(2)大爆破。

大爆破是指采用导洞和药室装药,用药量在 1000 kg 以上的爆破。铁路石方开挖中一般不宜采用大爆破。只有当路线穿过孤独山丘,开挖后边坡不高于 6 m,且根据岩石产状和风化程度确认开挖后边坡稳定时,方可考虑采用大爆破方案。采用大爆破时,必须做好技术设计,进行详细的技术经济论证和边坡稳定性分析,并报主管部门批准。

①大爆破的技术设计文件。

a.工程名称、工程概况、爆破地点(桩号)、工程数量、地形特征、预计爆破范围、要求或预测爆破效果、工期。

b.自然条件及工程地质、水文地质资料。

c.爆破方案及类型说明。

d.药室位置的布置图,包括平面图和导洞药室的剖面图、用药量和爆破网路的主要计算资料。

e.施工方案和施工步骤。

f.爆破危险区预计。

g.安全措施。

h.劳力、机械、材料费用与经济指标。

i.大爆破施工的总平面布置图、纵、横剖面图、药室位置图。平面图比例为 1∶200～1∶500。在平面及纵横剖面上应标示出爆破范围、药室位置、用于爆破工程的电缆和电线网络位置以及安全警戒位置等。

②施工前的准备工作。

根据批准的设计方案进行现场核对,编制导洞、药室施工组织设计,进行导洞、药室的实地放样。根据施工组织设计,组织人力、机械和材料。在导洞、药室施工前,应先修好进场道路。

③竖井、导洞和药室开挖。

a.遇松软岩石或强风化破碎岩石时,平洞和深度大于 3.0 m 的竖井应设临时支撑。在回填堵塞时,这些临时支撑材料可由里至外或由下至上逐步拆除回收。

b.药室应按设计断面开挖,宜挖成近似立方体形状。室底标高与设计标高之差不应大于 10 cm,导洞与药室用横洞连接,横洞与导洞垂直,药室中心距导洞中心不宜小于 2.5 m。

c.导洞分竖井和平洞两种。竖井洞深不宜大于 16 m。如超过 16 m 或有地下水时,最好用平洞。平洞长度以 30 m 左右为宜。竖井或平洞的选用,应考虑施工进度和爆破效果。平洞采用梯形断面,断面尺寸为 1.8 m×(0.8 m+1.2 m)。断面最小尺寸不应小于 1.4 m×0.8 m。竖井断面尺寸与竖井深度有关,当深度 H>15 m 时,断面最小尺寸不应小于 1.4 m×1.2 m。土质竖井可采用直径不小于 1.0 m 的圆形断面或边长不小于 1 m 的长方形断面。竖井开挖深度大于 6 m 时,应采取通风措施。

d.导洞和药室可用风钻或掏槽眼方式开挖。炮眼深度不应大于工作面最小边长的 0.6～0.8 倍。如岩石节理发育时,导洞和药室应考虑采用临时支撑。

(3) 爆破前的准备工作。

① 导洞和药室验收。

导洞和药室的几何尺寸应符合设计要求；清除危石和残存石渣,引流裂隙水。

② 装药。

装药时间应尽可能短,以避免炸药受潮。装药自下而上,自里向外逐层码砌平稳、密实。起爆体应平稳安放在设计位置。药包要坚固牢靠,下部药包要能承受上部药包的压力。装药不得在雨雪、大风、雷电、浓雾天气和黑夜进行。起爆体装入药室后,应拆除洞内及洞口一切电源电线,改用绝缘电筒或其他安全照明。

③ 导洞和竖井堵塞。

堵塞前,应对装药质量进行检查,并用木槽、竹筒或其他材料保护电爆缆线。在药室外侧砌一道石墙,石墙外 2~3 m 一段或洞深至药室拐弯一段用黏土填塞夯实,其余部分用土石分层填塞紧密。堵塞长度应符合设计要求。洞口部分除设计另有规定外,应再砌一道石墙,并用黏土封紧。

竖井和平洞的堵塞材料可就地取材,分层回填至原地面,平洞堵塞长度不应小于最小抵抗线。堵塞过程中,对电爆线路应注意保护,并派专人经常检查、维护,不得损坏。

④ 起爆线路的敷设。

敷设线路前,非接线人员和设备应撤至安全地点,并在爆破影响区外设警戒,禁止人、畜进入影响区,截断场内一切设备的电源。从药室开始进行线路敷设,逐渐向主线和电源方向连接,禁止先接电源和供电设备,并禁止在雷雨天或黑夜进行。接线前,应仔细检查每一个导洞的线路电阻。发现误差超过 10% 或不能通电时,应查明原因,排除故障。对可疑线路和起爆体应更换。为保证能安全起爆,可设置必要的复线作起爆线路。接线时,所有接头要求清洁、接触良好,并用绝缘胶布包好扎牢,以保证电阻稳定,电流正常。

(4) 爆破。

施爆前,应规定醒目、清晰的爆破信号,并发布通告,及时疏散危险区内的人员、牲畜、设备及车辆等。对不能撤离的建筑物应采取保护、加固措施,并在危险区周围设警戒。起爆前 15 min,由总指挥发布起爆准备命令,爆破站作最后一次验收检查和安全检查。如无新情况发生,在接到指挥长命令后立即合闸施爆。起爆后应立即拉闸断电。起爆后 15 min,由指定爆破专业人员进入爆破区内进行安全检查,确认无拒爆现象和其他问题后,方能解除警戒。

(5) 瞎炮处理。

爆破后如有瞎炮,应由原施工人员参加处理,采取安全措施排除。对于大爆破,应找出线头接上电源重新起爆,或者沿导洞小心掏出堵塞物,取出起爆体,用水灌浸药室使炸药失效,然后清除。对于中小型爆破,可在距瞎炮最近距离不小于 0.6 m 处另行打眼爆破。当炮眼不深时,也可用裸露药包爆破。

(6) 石质路堑边坡清刷及基床检验要求。

① 石质挖方边坡应顺直、圆滑、大面平整。边坡上下不得有松石、危石。凸出于设计边坡

线的石块,其凸出尺寸不应大于 20 cm,超爆凹进尺寸也不应大于 20 cm。对于软质岩石,凸出及凹进尺寸均不应大于 10 cm,否则应进行处理。

②挖方边坡应从开挖面往下分级清刷边坡。下挖 2~3 m 时,应对新开挖边坡进行清刷。对于软质岩石边坡可用人工或机械清刷;对于坚石或次坚石边坡,可使用炮眼法、裸露药包法爆破清刷,同时清除危石、松石。清刷后的石质路堑边坡不应陡于设计规定。

③石质路堑边坡如因过量超挖而影响上部岩体稳定时,应用浆砌片石补砌超挖的坑槽。

④石质路堑基床底高应符合设计要求,开挖后的基床基岩面标高与设计标高之差应符合规定要求。如过高,应凿平;过低,则应用开挖的石屑或灰土碎石填平并碾压密实。

⑤石质路堑基床顶面宜使用密集小型排炮施工,炮眼底标高宜低于设计标高 10~15 cm。装药时,宜在孔底留 5~10 cm 空眼,装药量按松动爆破计算。

⑥石质基床超挖大于 10 cm 的坑洼,当有裂隙水时,应采用渗沟连通。渗沟宽不宜小于 10 cm,渗沟底略低于坑洼底,坡率不宜小于 6%,使可能出现的裂隙水或地表渗水由浅坑洼渗入深坑洼,并与边沟连接。如渗沟底低于边沟底,则应在路肩下设纵向渗沟,沟底应低于深坑洼底至少 10 cm,宽不宜小于 60 cm;纵向渗沟由填方路段引出。渗沟中应填碎石,并与基床同时碾压到规定的要求。

(7)开挖石方的清运与二次爆破。

①开挖石方如横向调运或小于 100 m 的纵向调运用作填方时,可用推土机推运,但调运的石块必须符合填料粒径的要求。对于大块石料,可集中于挖方区进行二次爆破。

②开挖石方为废弃方时,如装运受装载运输机械的限制,可对个别大石块进行二次爆破。

③石方开挖区可分幅或分段进行爆破,石方清除或打炮眼可轮流作业。

3. 深挖路堑的施工

路堑边坡的高度等于或大于 20 m 时称为深挖路堑。施工前,应详细复查设计文件所确定的深挖路堑地段的工程地质资料及路堑边坡,并了解土石界限、工程等级、岩层风化厚度及破碎程度、岩层工程特征等。路堑为砂类土时应了解其颗粒级配、密实程度和稳定角;路堑为细粒土时应了解其含水率和物理力学性质指标,以及不良地质情况,地下水及其存在形式等。

应根据详细了解的工程地质情况、工程量的大小和工期编制施工组织设计,并据以配备适当的机械设备数量和劳动力。

深挖路堑的边坡应严格按照设计坡率施工。若边坡实际土质与设计勘探的地质资料不符,特别是土质较设计的松散时,应向有关方面提出修改设计的意见,批准后实施。施工土质边坡时,宜每隔 10 m 高度设置平台。平台宽度对于人工施工的不宜小于 2 m,对于机械施工的不小于 3 m。平台表面横向坡率应向内倾斜,坡率约为 0.5%~1%,纵向坡率宜与路线纵坡平行。平台上的排水设施应与排水系统相通。施工过程中,如修建平台后边坡仍然不能够稳定或大雨后立即坍塌时,应考虑修建石砌护坡,在边坡上植草皮或设挡土墙。

土质单边坡深挖路堑的施工可采用多层横向全宽挖掘法。土质双边坡深挖路堑的施工宜采用分层纵挖法和通道纵挖法。若路堑纵向长度较大,一侧边坡的土壁厚度和高度不大时,可采用分段纵挖法。施工机械可采用推土机或推土机配合铲运机。当弃土运距较远,超过铲运机的经济运距时,可采用挖掘机配合自卸汽车作业或采用推土机装载机配合自卸汽车作业。土质深挖路堑无论是单边坡或是双边坡,靠近边坡 3 m 以内都禁止采用爆破法炸土施工。在距边坡 3 m 以外准备使用爆破法施工时,应先进行缜密设计,以防止炸药量过多,并报请批准。

本章小结

本章主要介绍了路基设计及施工的相关知识。路基设计及施工具有结构形式简单、工程数量大、工程投资多、工程复杂多变、影响因素多和施工安排不易等特点,其基本性能包括承载能力、稳定性、耐久性、表面平整度、表面抗滑性能和不透水性等。路基稳定的影响因素通常包括自然因素与人为因素两大方面:自然因素包括地理条件、地质条件、气候条件、水文和水文地质条件以及土的类别等;人为因素包括荷载作用、设计施工、养护措施和其他因素等。路基设计的具体步骤和内容有勘察调查、路基设计和设计方案比选等;路基施工的步骤和内容包括准备工作、路基施工以及质量控制和检验等。

思考及练习题

1. 如何使土石方调配做到经济合理?
2. 何谓"三阶段、四区段、八流程"的路堤施工工艺?
3. 土质路堑开挖方法有哪些?
4. 简述级配碎石施工质量控制措施。
5. 简述路基的定义、组成与作用。
6. 路基工程的特点是什么?
7. 简述我国路基工程技术发展的现状。
8. 路基的常见病害有哪些?其产生的原因及处理措施有哪些?
9. 路基防护与加固的目的是什么?两者有何区别?
10. 按其作用对象的不同,路基防护与加固工程可分为哪几类?各类的作用是什么?
11. 简述路基坡面防护设施的类型、作用及其适用范围。
12. 简述植物防护、工程防护和骨架植物防护的形式及其适用范围。
13. 简述路基冲刷防护措施的类型、作用及其适用范围。

第 4 章　路面设计及施工

教学目标：
了解沥青路面和水泥混凝土路面的设计和施工要点；
掌握有关路面的基本知识；
掌握路面设计与施工的基本原理和方法。

4.1　路面设计概述

路面是道路的重要工程结构物，铺筑在路基顶面，是用不同材料或混合料分层铺筑而成的供车辆行驶的一种层状结构物。路面结构直接承受车轮荷载，其质量好坏直接影响道路的使用品质。

4.1.1　路面横断面

路面横断面由行车道、硬路肩或土路肩组成，通常分为路槽式和全铺式两种。

1.路槽式横断面

路槽式横断面是指在路基顶面做成与行车道加硬路肩宽度相同的浅槽，在槽内铺筑路面。挖方路基采用挖路槽方式、填方路基采用路肩方式形成，如图 4-1 所示。

2.全铺式横断面

全铺式横断面是指在路基全宽范围内铺筑路面，如图 4-2 所示。

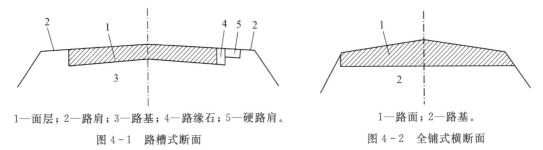

1—面层；2—路肩；3—路基；4—路缘石；5—硬路肩。

图 4-1　路槽式断面

1—路面；2—路基。

图 4-2　全铺式横断面

4.1.2　路面的要求

1.强度

路面强度是指路面抵抗破坏的能力。行驶在路面上的车辆，产生竖向压力、纵向水平力、振动力和冲击力,以及真空吸力。在这些力的综合作用下,路面会出现断裂、沉陷、波浪和磨损等破坏。因此,要求路面结构及其各组成部分必须具有足够的强度,以抵抗行车作用下所产生的各种应力,避免路面破坏。

2. 刚度

所谓路面刚度是指路面抵抗变形的能力。路面结构整体或某一部分刚度不足,即使强度足够,在车辆荷载作用下也会产生过量变形,而形成车辙、沉陷和波浪等破坏。因此,路面必须具备足够的刚度,使整个路面结构及其各组成部分的变形量控制在容许范围内。

3. 稳定性

路面的稳定性是指路面保持其本身结构强度的性能,也就是指在外界各种影响因素作用下路面强度的变化幅度,路面强度的变化越小,则稳定性越好;反之则稳定性越差。

4. 平整性

路面的平整度是指碾压成型的路面表面对理想平面的偏移程度,是反映路面使用质量的一项重要指标。不平整度路面会增大行车阻力,并使车辆产生附加的振动作用,这种作用会造成行车颠簸,影响行车的速度与安全、驾驶的平稳和乘客的舒适;同时,振动作用还会对路面施加冲击力,从而加剧路面和车辆机件的损坏和轮胎的磨损,并增大油料的消耗。不平整的路面还会积滞雨水,加速路面的破坏。因此,为了减少车辆荷载的冲击力,提高行车速度和行车舒适性、安全性,路面应保持一定的平整度。道路等级越高,对路面平整度的要求也越高。

5. 耐久性

路面应具有足够的耐久性,使路面在荷载、气候因素的长期作用下耐疲劳、耐老化和没有不容许的塑性变形和积累。

6. 抗滑性

车辆在光滑路面上行驶时,车轮和路面之间缺乏足够的附着力和摩擦力,在雨天高速行驶或是紧急制动及突然启动时,或者爬坡、转弯时,车轮容易产生空转或打滑,致使行车速度减低,油耗增加,甚至引起严重交通事故。所以路面应具有足够的粗糙度,即要有足够的抗滑性。

7. 少尘、低噪音

路面应与周围环境协调,一般应洁净少尘,有时根据道路所在地区的特殊要求,还应有低振动、低噪声要求。

4.1.3 路面的分类

1. 柔性路面

刚度低、强度小、弯沉大,对基层与路基的作用力大。柔性路面是用各种基层(水泥混凝土除外)和各类沥青面层、碎(砾)石面层、块料面层等组成的路面结构。

2. 刚性路面

刚度大、强度高、弯沉小,对基层与路基的作用力小。路面设计就是根据道路的使用任务、性质、交通量和交通组成,结合当地的材料、自然条件和地质条件,并考虑路基状况而进行的一项综合性结构设计。

4.1.4 路面结构层的修筑材料

1. 面层

面层是直接同行车和大气接触的表面层次,它承受较大的行车荷载的垂直力、水平力和冲击力的作用,同时还受到降水的侵蚀和气温变化的影响。

修筑面层所用的材料主要有水泥混凝土、沥青混凝土、沥青碎(砾)石混合料、沙砾或碎石、掺土或不掺土的混合料以及块料等。

2. 基层

基层主要承受由面层传来的车辆荷载的垂直力,并扩散到下面的垫层和土基层,基层是路面结构中的承重层,它应具有足够的强度和刚度,并具有良好的扩散应力的能力。

修筑基层的材料主要有各种结合料(如石灰、水泥或沥青等)稳定土或稳定碎(砾)石、贫水泥混凝土、天然沙砾、各种碎石或砾石、片石、块石或圆石,各种工业废渣(如煤渣、粉煤灰、矿渣、石灰渣等)和土、砂、石所组成的混合料等。

3. 垫层

垫层介于土基与基层之间,功能是改善土基的湿度和温度状况,另一方面的功能是将基层传下的车辆荷载应力进一步加以扩散,以减小土基产生的应力和变形;同时也能阻止路基土挤入基层中,影响基层结构的性能。

垫层材料分为两类:一类是由松散粒料,另一类是用水泥或石灰稳定土等修筑的稳定类垫层。

4.1.5 路面设计原则

(1)根据道路等级与使用要求,遵循因地制宜、合理选材、方便施工、利于养护的原则,结合本地条件与实践经验,对路基路面进行综合设计,以适到技术经济合理、安全适用的目的。

(2)柔性路面结构应按土基和垫层稳定、基层有足够强度、面层有较高抗疲劳、抗变形和抗滑能力等要求进行设计。结构设计以双圆均布垂直和水平荷载作用下的三层弹性体系理论为基础,采用路表容许回弹弯沉、容许弯拉应力及容许剪应力三项指标。层间结合必须紧密稳定,以保证结构的整体性和应力传布的连续性。

(3)刚性路面混凝土板的厚度,按行车产生的荷载应力不超过水泥混凝土在设计年限末期的疲劳强度并验算温度翘曲应力后确定。板长应使最大行车荷载应力和最大翘曲应力叠加值不超过水泥混凝土的弯拉强度。

(4)路面在设计满足项目区域交通量和使用功能的前提下,根据当地的气候、水文、地质等自然条件和交通情况,在设计年限内具有足够的承载力、耐久性、舒适性、安全性的要求,依据《公路沥青路面设计规范》(JTG D50—2006),本着因地制宜、合理选材、方便施工、节约投资的原则,遵循道路工程新技术的发展方向,开展路面综合设计,选择经济合理、技术先进并适合该地区情况的路面结构方案。

4.1.6 路面设计的任务

路面设计的任务是以最低的寿命周期费用提供一种路面结构,它在设计使用期内能按目标可靠度满足预定的使用性能要求。同时,这种路面结构所需的材料、施工技术和资金,符合当地所能提供的条件和经验。

路面设计使用期是指新建或改建的路面从开始使用到其使用性能退化到预定的最低标准时的时段。设计使用期以年数或该时段内标准轴载累计作用次数表示。到设计使用期末,路面并非损坏到完全无法使用的程度,而是必须采取重大的改建措施以恢复其使用性能,使之达到与使用要求相适应的水平。

设计使用期的选择,涉及技术的合理性和可能性、投资的效益和使用者的费用,可依据路面类型、交通繁重程度、道路等级、资金供应等条件确定。

4.2 沥青路面的特点及设计指标

沥青路面是指在各种柔性基层、半刚性基层上,铺筑一定厚度的沥青混合料面层的路面结构,亦称柔性路面。沥青面层可分为沥青混合料面层、乳化沥青碎石面层、沥青贯入式面层、沥青表面处治面层四种类型。沥青混合料可分为沥青混凝土混合料和沥青碎石混合料。

4.2.1 沥青路面的特点

1. 主要优点

(1)优良的结构力学性能和表面功能特性。一般沥青路面均具有良好的受力特性,以及路面平整、无裂缝或接缝、柔韧舒适、噪音小等优点。

(2)表面抗滑性能好。沥青路面既平整、表面又粗糙,有一定的粗细纹理构造,能保证车辆高速安全行驶。

(3)施工方便。沥青路面可以集中拌和(厂拌)、机械化施工(摊铺、碾压等),完全可以实现大面积施工,质量能够得以保障,可以较早开放交通。

(4)经济耐久性好。与水泥路面相比,沥青路面一次性投资要低得多,其使用寿命可达到15年,若施工质量好、养护保养及时,有的可以使用20年。

(5)便于再生利用。沥青再生利用已成为发达国家一项热门的可持续发展和能源再生利用的新型课题,我国目前也在进行这方面的研究和技术开发。

(6)其他。如抗震性好、日照下不反射引起眩光、晴天无扬尘、雨后不泥泞等。

2.主要缺点

(1)容易老化。沥青是多组分有机材料,随着使用期的延长,沥青的胶体结构和组成成分发生变化,使沥青黏性变差、塑性降低、表面易松散、整体性降低,从而导致结构破坏。一般可以添加抗老化剂,如添加炭黑可以起到抗氧化的作用,增强沥青的老化特性,还有其他材料如阻酚类、氨基甲酸酯类、钙盐、胺类等,但研究不成熟。

(2)温度敏感性较差。夏季高温易流淌,高温稳定性差;低温易发脆,抗裂性能差。可采用优质沥青或采取改性措施等。

4.2.2 沥青类路面材料

1.道路沥青

根据气候、交通性质等可选用油-100、油-60等,气温较高和交通繁重条件下应选用稠度较高的石油,反之可选用稠度较低的石油。根据标准的不同,又分为重交沥青与普通道路沥青。

普通沥青 AH-70 中的字母 A 是"asphalt"沥青的英语翻译中第一个字母,H 是"highway"重交通的英语翻译中第一个字母,70 是沥青针入度的范围中值即 60~80(0.1 mm),因此说针入度是普通沥青三大指标中最重要的,普通沥青常常作为改性沥青的基质沥青。

2.改性沥青

改性沥青是指通过向沥青中掺加橡胶、树脂、高分子聚合物、磨细的橡胶粉或其他填料等外掺剂(改性剂)或采取对沥青轻度氧化加工等措施而制成的沥青结合料,使沥青或沥青混合料的性能得到改善。而改性剂则是指在沥青或沥青混合料中加入的天然或人工的有机或无机材料,它应可熔融、分散在沥青中,能够改善或提高沥青路面材料性能,与沥青发生反应或裹覆在集料表面上。

改性沥青的主要功用之一是提高沥青混合料在高温下的抵抗变形能力,而在其他温度下对沥青或沥青混合料的特性无不利作用。

国内用于沥青改性的聚合物品种大致可分为三种类型:一是橡胶改性类,如天然橡胶(NR)、丁苯橡胶(SBR)等;二是热塑性弹性体,如苯乙烯-丁二烯-苯乙烯嵌段共聚物(SBS)、苯乙烯-异二烯-苯乙烯嵌段共聚物(SIS);三是树脂类,包括热塑性树脂与热固性树脂。

SBS 改性沥青是在原有基质沥青(AH-70)的基础上,掺加 2.5%、3.0%、4.0%的 SBS 改性剂,改性后的沥青,与原沥青相比,其高温黏度增大,软化点升高。在良好的设计配合比和施工条件下,沥青路面的耐久性和高温稳定性明显提高。

3.乳化沥青

乳化沥青适用于表处、贯入式、透层、黏层等,它是用 55%~70%沥青、纯净水在乳化剂的作用下,由不相容的两相形成一相的稳定分散系。

4. 碎石

沥青应选耐磨、方正有棱角和与沥青黏结力较强的碱性石料,如石灰岩、白云岩等,若选用酸性石料(如花岗岩),则在使用前应掺加少量(0.6%~2%)的表面活性剂预先碱化。在改性沥青中,为了增强骨料的强度,级别较高的路面采用玄武岩,但造价较高。

5. 细骨料

沥青中的细骨料常常采用干净的砂或石屑。

6. 矿粉

沥青中一般采用石灰石粉,其中的粒径小于 0.074 mm 的成分不宜小于 80%,亦可采用水泥、消石灰粉,但消石灰粉不宜超过 3%。矿粉在沥青混合料中的作用是填充混合料的空隙,增强矿料和沥青的黏结力,它能显著提高混合料的强度和温度稳定性。

4.2.3 沥青路面常见破坏形式

1. 裂缝

裂缝是路面上较普遍的损坏现象,常表现为纵向裂缝、横向裂缝,以及纵横交错的龟裂等形态,有时还伴随其他损坏现象同时出现,见图 4-3。

图 4-3 沥青路面裂缝

裂缝产生的原因,具体如下:

(1)基层软弱使面层出现网裂;

(2)在行车荷载的重复作用下,面层产生疲劳开裂;

(3)面层材料过脆,或面层和基层的刚度相差悬殊,以及面层底部由行车荷载作用产生的拉应力过大,使面层拉裂;

(4)因半刚性基层的收缩而引起的反射裂缝;

(5)因沥青面层低温收缩而产生的横向裂缝;

(6)沥青材料老化等。

2. 沉陷和车辙

(1)沉陷。沉陷是指路面出现局部下凹的现象,见图 4-4。

产生的原因为：当土基局部湿软、路面强度不足或路面厚度过薄，以及由路面传到土基的压力超过了土基的承载力时，由于土基产生过大的垂直变形，而导致路面沉陷。

图 4-4　沥青路面沉陷

（2）车辙。若整个路段土基强度不足，路面就会沿道路纵向产生带状凹陷，即形成车辙，见图 4-5。另外，在高温季节，沥青面层在车辆荷载的重复作用下，由永久变形积累也能形成车辙。

图 4-5　沥青路面车辙

3. 推移

面层材料沿行车方向产生推挤、隆起、甚至形成波浪的现象称为推移，见图 4-6。

图 4-6　沥青路面推移

形成原因为：在行车荷载的水平力、垂直力和撞击力的共同作用下,使面层材料产生剪切破坏。在交叉口、公共汽车停靠站的附近经常发生此类破坏。

若沿路面的纵向形成连续的、波长和波峰大致相同的波浪现象称为搓板,搓板是推移的一种特例。

4. 坑槽

由于面层材料黏结力不足或在较大的行车荷载作用下,面层材料被磨损、碾碎,而产生细集料流失、粗骨料外露,进而失去联结作用而出现的成片散开的现象称为松散,见图4-7。松散的材料流失后就形成了坑槽。

图4-7 沥青路面坑槽

5. 泛油

在高温季节,由于沥青路面软化,而在其表面出现一层黑亮沥青的现象称为泛油,见图4-8。泛油发生后,面层材料的黏结力下降,沥青容易被车轮粘着带走而形成坑槽,而在沥青材料落下处则形成了油包。

形成原因为：沥青热稳定性不好；混合料组成中沥青用量偏高。

综合上述,可以看出柔性路面产生损坏的原因是多种多样的。所以,在路面设计中,不仅要考虑路面各层次的必要厚度,还要重视路面结构的组合,同时注意施工质量和路面养护。以保证路面的使用品质。

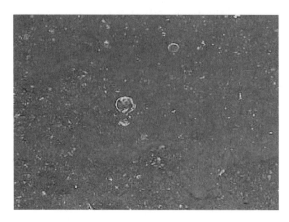

图 4-8 沥青路面泛油

4.2.4 沥青路面的设计指标

1. 弯沉指标

弯沉是在一定的荷载作用下,路表面的竖向变形。它是反映路面整体承载能力高低和使用状况好坏的最直观、最简单的指标。

路表弯沉值是路面各结构层变形的总和。对于沥青路面,现行沥青相关规范规定,以双轮组车轮荷载作用下,在路表面轮隙中心处的弯沉作为路面整体抗变形能力的指标。

根据要求,路面设计的控制方程应满足下式:

$$l_S \leqslant l_d \tag{4-1}$$

式中:l_S——沥青路面计算的最大弯沉值(1/100 mm),位于双轮轮隙中心处;

l_d——沥青路面设计弯沉值(1/100 mm)。

2. 抗拉指标

经验证明,只用路面竖向变形作为路面的控制条件往往是不够的,难以解决当竖向变形尚在容许范围的路面开裂、推移等问题。

沥青路面在行车荷载的多次重复作用下,由于疲劳现象而使其抗拉强度降低,从而出现拉裂。为此,必须验算其抗拉能力。验算时,可按弹性层状体系理论计算路面结构层内的最大的拉应力或拉应变,并使其满足:

$$\begin{cases} \sigma_m \leqslant \sigma_R \\ \varepsilon_m \leqslant \varepsilon_R \end{cases} \tag{4-2}$$

式中:σ_m、ε_m——分别为路面结构层底面的最大拉应力和最大拉应变,位于双轮轮隙中心处;

σ_R、ε_R——路面结构层材料的容许拉应力和容许拉应变。

3. 抗剪指标

沥青混合料的抗剪强度主要来源于颗粒间的摩阻力和结合料的黏聚力,在车轮荷载的作用下,当路面结构内某点的剪应力超过材料的抗剪强度时,路面便会产生剪切破坏。必要时,应验算其抗剪强度。

$$\tau_a \leqslant \tau_R \tag{4-3}$$

式中:τ_a——路面结构层内剪切截面上的剪应力;

τ_R——路面结构层材料的容许剪应力。

4.设计弯沉值

在车辆荷载的作用下,路面表面的垂直变形称为路表总弯沉 l_z。

路表总弯沉值包括可恢复的垂直变形(回弹弯沉)l 和不可恢复的垂直变形(残余弯沉)l_P 两部分,即

$$l_z = l + l_P \tag{4-4}$$

处于或接近弹性状况的路面,其残余弯沉较小。所以,我国现行沥青相关规定采用路面的回弹弯沉 l 来表示路面的抗变形能力。

路面设计弯沉值是根据设计年限内一个车道上预测通过的累积当量轴次、道路等级、面层和路面结构类型而确定的弯沉设计值。

路面设计弯沉值的大小随公路等级、交通量、轴型、面层和基层类型等因素而异。一般认为,在一定轴型的荷载作用下,路面的变形越大,达到某一破坏状态时的容许通过轴次就越少,反之则越多。

根据的规定,路面设计弯沉值 l_d(1/100 mm)可按下式确定:

$$l_d = 600 N_e^{-0.2} \cdot A_c \cdot A_s \cdot A_b \tag{4-5}$$

式中:A_c——公路等级系数;高速公路、一级公路为1.0,二级公路为1.1,三、四级公路为1.2。

A_s——面层类型系数;沥青混凝土面层为1.0,热拌和冷拌沥青碎石、沥青贯入式路面、沥青表面处治为1.1。

A_b——路面结构类型系数;半刚性基层沥青路面,$A_b = 1.0$;柔性基层沥青路面,$A_b = 1.6$。

N_e——设计年限内一个车道上的累计当量轴次。

$$N_e = \frac{365 \times [(1+\gamma)^T - 1]}{\gamma} N_1 \cdot \eta$$

式中:T——设计年限;

η——车道系数;

N_1——路面竣工通车后第一年双向日平均当量轴次(次/日);

γ——设计年限内交通量的年平均增长率(%)。

在计算 N_e 时,必须将不同轴载的作用次数换算为同一标准轴的当量作用次数。路面设计中采用双轮组单轴载 100 kN 作为标准轴载,以 BZZ-100 表示。

(1)当以设计弯沉值为指标和进行沥青层层底拉应力验算时。

各级轴载均应按下式换算成标准轴载 P 的当量轴次 N。

$$N = \sum_{i=1}^{k} C_1 C_2 n_i \left(\frac{P_i}{P}\right)^{4.35} \quad (4-7)$$

式中：N——标准轴载的当量轴次,单位为次/日；

n_i——被换算车型的各级轴载作用次数,单位为次/日；

P——标准轴载,单位为 kN；

P_i——被换算车型的各级轴载,单位为 kN；

C_1——轴数系数,当轴间距大于 3 m 时,应按单独的一个轴载计算,此时轴数系数 $C_1 = m$（轴数）；当轴间距小于 3 m 时,应按双轴或多轴计算,轴数系数按式 $C_1 = 1+1.2(m-1)$ 计算；

C_2——轮组系数,双轮组为 1,单轮组为 6.4,四轮组为 0.38。

（2）当进行半刚性基层层底拉应力验算时。

各级轴载均应按下式换算成标准轴载 P 的当量轴次 N'。

$$N' = \sum_{i=1}^{k} C'_1 C'_2 n_i \left(\frac{P_i}{P}\right)^{8} \quad (4-8)$$

式中：C'_1——轴数系数,当轴间距大于 3 m 时,应按单独的一个轴载计算,此时轴数系数 $C'_1 = m$（轴数）；当轴间距小于 3 m 时,应按双轴或多轴计算,轴数系数按式 $C'_1 = 1+2(m-1)$ 计算。

C'_2——轮组系数,双轮组为 1,单轮组为 18.5,四轮组为 0.09。

【例 4.1】 已知某载货车为双后轴（轴距<3 m）双轮组,每一后轴重均为 80 kN,前轴重 30 kN。试求该货车通过 1 次相当于标准轴 BZZ-100 作用几次？

解：(1)当以设计弯沉值为指标和进行沥青层层底拉应力验算时。

由于双后轴轴距<3 m,则

$$C_1 = 1+1.2(m-1) = 1+1.2(2-1) = 2.2$$

将各级轴载换算成标准轴载,则

$$N = \sum_{i=1}^{k} C_1 C_2 n_i \left(\frac{P_i}{P}\right)^{4.35} = 2.2 \times 1 \times 1 \times \left(\frac{80}{100}\right)^{4.35} + 1 \times 6.4 \times 1 \times \left(\frac{30}{100}\right)^{4.35} = 0.87$$

(2)当进行半刚性基层层底拉应力验算时。

由于双后轴轴距<3 m,则

$$C_1 = 1+2(m-1) = 1+2(2-1) = 3$$

将各级轴载换算成标准轴载,则

$$N' = \sum C'_1 C'_2 n_i \left(\frac{P_i}{P}\right)^{8} = 3 \times 1 \times 1 \times \left(\frac{80}{100}\right)^{8} + 1 \times 18.5 \times \left(\frac{30}{100}\right)^{8} = 0.5045 \approx 0.50$$

5. 容许拉应力

路面结构层的容许拉应力 σ_R 是指路面结构在行车荷载的反复作用下,达到临界破坏状态时所容许的最大拉应力。

该应力值较之一次荷载作用下的抗拉强度要小,减小的程度与重复荷载作用的次数及路

面结构层材料的性质有关,容许拉应力的计算公式为

$$\sigma_R = \frac{\sigma_{sp}}{K_s} \tag{4-9}$$

式中：σ_R——容许拉应力,单位为 MPa。

σ_{sp}——沥青混凝土或半刚性材料在规定温度或龄期的极限劈裂强度,单位为 MPa;沥青混凝土面层取 15℃时的极限劈裂强度;水泥稳定类材料取龄期 90 d 的极限劈裂强度;二灰稳定类、石灰稳定类材料取龄期 180 d 的极限劈裂强度;水泥粉煤灰稳定类材料取龄期 120 d 的极限劈裂强度。

K_s——抗拉强度结构系数,是反映材料疲劳强度性能的系数。

抗拉强度结构系数 K_s 的计算公式如下：

(1)对于沥青混凝土面层。

$$K_s = \frac{0.09 N_e^{0.22}}{A_c} \tag{4-10}$$

式中：A_c——公路等级系数。高速公路、一级公路为 1.0;二级公路为 1.1;三、四级公路为 1.2。

(2)对于无机结合料稳定集料类。

$$K_s = \frac{0.35 N_e^{0.11}}{A_c} \tag{4-11}$$

(3)对于无机结合料稳定细粒土类。

$$K_s = \frac{0.45 N_e^{0.11}}{A_c} \tag{4-12}$$

6.面层类型选择

面层类型的选择取决于公路等级和交通量,根据使用要求、设计年限内标准轴载的累计作用次数,以及筑路材料、施工机械设备等按表 4-1 选用。

表 4-1 路面面层类型选择

公路等级	路面等级	面层类型	设计年限（年）	设计年限内设计车道的累计标准轴次（×10⁴）
高速公路一级公路	高级路面	沥青混凝土	15	>400
二级公路	高级路面	沥青混凝土	12	>200
二级公路	次高级路面	热拌沥青碎石混合料、沥青贯入式	10	100~200
三级公路	次高级路面	乳化沥青碎石混合料、沥青表面处治	8	10~100
四级公路	中级路面	水结碎石、泥结碎石、级配碎石、半整齐石块路面	5	≤10
四级公路	低级路面	粒料改善土	5	≤10

高级路面的设计年限是指在规定期限内满足预期累计标准轴次所需承载力,并允许在该期限内进行一次修复路表功能的大、中修(罩面)条件下,路面应具有的使用寿命。次高级路面或中、低级路面的设计年限,是指满足规定时间内预测标准累计轴次所需承载力,在小修保养的条件下,路面应具有的使用寿命。

7. 面层厚度选择

沥青面层直接承受着车辆荷载的反复作用和各种气候条件的影响,它直接关系着路面是否能提供平整、坚实、抗滑、耐久、稳定的服务性能。

为保证沥青路面的使用性能和耐久性,沥青面层必须要有适当的厚度。半刚性基层上沥青面层的厚度应根据公路等级、交通量及其组成、沥青品种和质量以及气候条件,按照表4-2中的沥青层推荐厚度选用。各省、市修建的高速公路、一级公路,其交通量变化范围较大,交通组成也不相同(现有高速公路和一级公路,每一车道的设计当量轴次可达400~2700万次)。沥青面层厚度的确定,应认真分析工程可行性研究报告所提供的资料,必要时应作补充交通量及轴载组成调查,经论证并结合当地实践经验确定适宜的厚度。

表4-2 半刚性基层上沥青面层的推荐厚度 单位:cm

公路等级	面层类型	设计车道累计标准轴次(×10⁴)	推荐厚度	参考厚度
高速公路	沥青混凝土	≥1200 800~1200 400~800	12~18	15~18 13~16 12~14
一级公路	沥青混凝土	800~1200 400~800	10~15	13~15 10~13
二级公路	沥青混凝土 热拌沥青碎石 沥青贯入式	200~400 100~200	5~10	8~10 6~8
三级公路	表面处治	50~100 <50	2~4 1~2.5	2~3(层铺法) 4(拌和法) 2.5

4.3 水泥混凝土路面特点及设计指标

4.3.1 分类

水泥混凝土路面是高级路面,由混凝土路面板、基层、垫层组成。根据材料、组成及施工工艺不同分为以下几种。

1. 素混凝土路面

除接缝区和局部范围外,其余部位不配置钢筋的混凝土路面称为素混凝土路面。目前在国内使用最广泛。

2. 碾压砼路面

碾压砼路面是指采用水泥和用水量比普通砼显著减少的混合料经摊铺、碾压成型的砼路面。

3. 钢筋砼路面

钢筋砼路面是指为防止砼板内可能出现的裂缝缝隙张开,板内配置纵横向钢筋或钢筋网的砼路面。

4. 连续配筋砼路面

连续配筋砼路面是指沿路面纵向配置大量连续钢筋、一般不设横缝的砼路面,多用于高速公路或一级公路路面。

5. 钢纤维砼路面

钢纤维砼路面是在普通砼搅拌时掺入适量钢纤维以提高砼的抗折强度,以此可达到减薄路面板、减少横向缩缝的目的。

6. 复合式砼路面

复合式砼路面的面板由两层或两层以上不同强度或不同类型的砼复合而成。处于下部的砼层可适当降低强度,节省工程造价。

7. 砼小块铺砌路面

砼小块铺砌路面是由预制高强度砼小块铺砌而成,形状有矩形、嵌锁形;其结构简单,可适应基层出现较大变形,修复容易;主要用于人行道、广场等。

8. 装配式砼路面

装配式砼路面是在工厂将砼预制成板块,运到现场装配而成。

4.3.2 混凝土路面板

(1)对路面板要求:弯拉强度满足设计要求,表面平整耐磨、抗滑。

(2)普通砼路面板厚度:最小厚度为 18 cm,实际厚度根据计算确定。

(3)断面形式:通常采用等厚式断面形式,如图 4-9 所示。

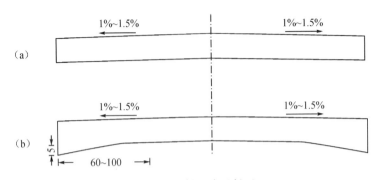

图 4-9 混凝土路面断面

4.3.3 接缝构造与布置

1.横缝的构造和布置

横缝分为胀缝、缩缝和施工缝三种。

(1)缩缝。

缩缝的作用主要是使路面板因温度和湿度降低后收缩而产生拉应力时沿缩缝位置断裂,避免路表出现不规则裂缝。横向缩缝的缝距为 4～6 m,一般采用假缝,用切割方法形成。横向缩缝见图 4-10。

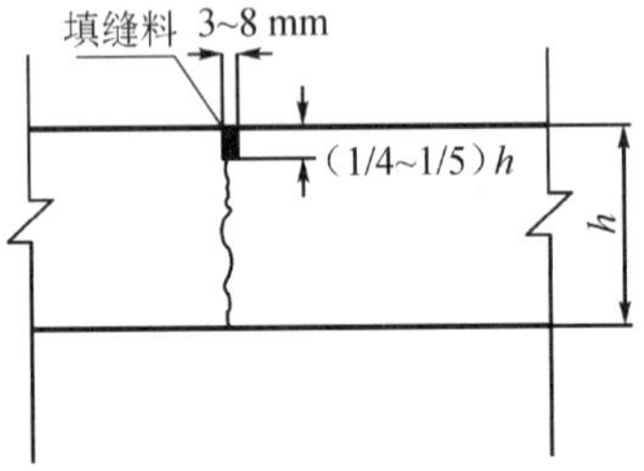

(2)胀缝。

胀缝的作用主要是给沿路面板纵向产生的膨胀变形预留一定的自由空间,避免板体出现隆起和挤碎破坏。其主要特点是设置传力杆,缝宽较大。横向胀缝见图 4-11。

图 4-10 混凝土路面缩缝

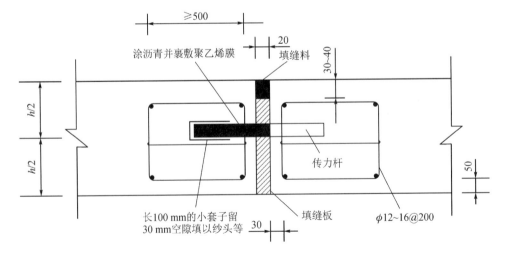

图 4-11 混凝土路面胀缝

(3)施工缝。

施工缝是由于施工中断造成的接缝,应尽量设置在胀缝位置,否则设置在缩缝处,见图 4-12。

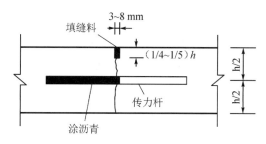

图 4-12 混凝土路面施工缝

2. 纵缝的构造和布置

根据产生原因不同,纵缝分为缩缝和施工缝两种。

(1)纵向缩缝。当路面板宽度较大时,须设置纵向缩缝,避免板体出现不规则纵向开裂,见图 4-13。

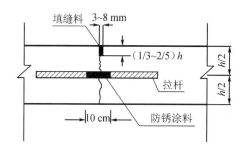

图 4-13 混凝土路面纵向缩缝

(2)纵向施工缝。一次施工宽度小于路面宽度时,设置纵向施工缝,见图 4-14。

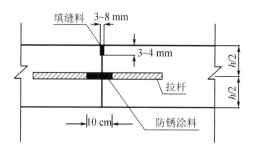

图 4-14 混凝土路面纵向施工缝

4.3.4 水泥混凝土路面设计

1. 弹性地基板力学分析

混凝土板处于弹性工作阶段。基层和土基也工作于弹性阶段。把水泥混凝土路面结构看作是支撑于弹性地基上的小挠度弹性板,用弹性地基板理论进行分析计算。

水泥混凝土面层下的各结构层看作为均质弹性地基。为了建立接触面处地基顶面挠度同地基反力之间的关系,对地基采用不同的力学模型。

(1)弹性固体地基模型——地基看作是均质的半无限连续介质。地基顶面任一点的挠度不仅同作用于该点的压力有关,也同顶面其他点的压力有关。这种地基模型有时也称作弹性半无限体地基模型或弹性半空间体地基模型,采用弹性模量 E_0 和泊松比 μ_0 来表征其弹性性质。

(2)巴斯特纳克(Pasternak)地基模型——假设 Winkler 地基的弹簧单元之间存在一定程度的剪切阻尼作用,类似于弹簧顶部与由不可压缩的梁或板单元组成的剪切层相联结,层内各单元间由于横向剪切而变形。此模型采用地基反应模量 k 和剪切模量 G 两项系数来表征地基的性质。

当剪切模量 G 为零时,此模型即为 Winkler 地基模型;当 G 增大时,可通过增加横向联系来调整地基的反应,使之趋近于半空间地基。因而这是一种介于 Winkler 地基和半空间地基之间的过渡模型。

2. 水泥砼温度应力分析

水泥砼路面板内不同深度处的温度随外界气温的变化而变化。这种温度变化使路面板出现膨胀和收缩,当这些温度变形受到约束时,即产生温度应力,分为胀缩应力和翘曲应力。

(1)胀缩应力。

板内胀缩应力是由于外界温度的缓慢而均匀变化引起的。这种缓慢而均匀的变化不会在砼板内出现温度梯度,使板顶和板底产生的温度变形一致。当气温缓慢变化时,板内温度均匀升降,则面板沿断面的深度均匀胀缩。

(2)翘曲应力。

板内出现翘曲应力是由于外界短时间内出现较大幅度的温度变化造成的。

3. 设计内容与标准

(1)结构组合设计。

根据使用要求、交通量、当地气候条件、路基状况、材料供应等因素,综合考虑路面各结构层材料类型与组成、结构厚度以及设计参数等。

(2)路面板厚度设计。

按现行设计规范,确定满足设计年限内使用要求所需的砼板厚度。

(3)路面板平面尺寸与接缝设计。

根据荷载应力和温度应力确定合理的路面板平面尺寸,布置各类接缝并确定其构造形式。

(4)路肩与配筋设计。

高等级公路路肩、路缘带结构与行车道基本相同。路面板容易出现裂缝的部位应作配筋设计。

4. 设计参数

(1)标准轴载与轴载换算。

按等效破坏的原则将其他非标准轴载的作用次数换算成标准轴载作用次数,即当量轴次。

$$N_s = \sum_{i=1}^{n} \alpha_i N_i \left(\frac{P_i}{100}\right)^{16} \tag{4-13}$$

式中：N_s——100 kN 单轴双轮组标准轴载的作用次数,单位为次/d;

N_i—— 各类轴型 i 级轴载的作用次数,单位为次/d;

n—— 轴型和轴载级位数;

P_i——i 级轴载的总重,单位为 kN。

(2)交通分级、设计使用年限和累计作用次数。

①交通分级。

水泥混凝土路面所承受的轴载作用,按设计基准期内设计车道所承受的标准轴载累计作用次数分为 4 级,分级范围见表 4-3。

表 4-3 标准轴载累计作用分级

交通等级	特重	重	中等	轻
设计车道的标准轴载累计作用次数 $N_e(10^4)$	>200	100~200	3~100	<3

②设计年限。

设计年限为砼路面达到预定损坏标准时所能使用的年限。根据公路等级、交通分级等确定。

③累计作用次数。

设计车道的标准轴载累计作用次数与设计年限初期交通量、公路等级、车道数、交通组成和交通量的增长情况有关。

结构设计参数的变异性路面的使用寿命与混凝土弯拉强度、面层厚度、基层顶面综合模量、混凝土弹性模量等有关。

混凝土路面寿命的变异性是由这些设计参数的变异性综合而成的。

结构设计参数,由于材料和结构组成的不均质以及施工技术和质量控制水平差异等因素的影响,其数值在一定范围内变动。根据变异系数的频率分布情况,可将各项设计参数的变异水平划分为低、中、高三个等级,分别适用于不同的公路等级及施工技术和质量控制水平。各个等级变异系数的范围,基本上代表了我国水泥混凝土路面目前达到的施工质量水平。

路面结构的可靠度指在规定的设计基准期(设计使用期)内,在规定的交通和环境条件下,路面使用性能满足预定水平要求的概率。

目标可靠度是所设计路面结构应具有的可靠度水平。选定较高的目标可靠度,在各设计参数的变异水平不变时,所设计的路面厚度较大,初期建设费用较高,但使用期间的养护费用和车辆运行费用较低;若选定较低的目标可靠度,则所设计的路面结构较薄,初期修建费用可以降低,但使用期间的养护费用和车辆运行费用将会提高。

4.4 新建柔性路面的厚度确定

通过路面结构组合,初步拟定了路面结构方案,接下来应对该结构在荷载作用下的承载能力进行验算,以判断所拟定结构是否满足受力要求。

路面结构的承载力与土基和各结构层材料的回弹模量有关,同时与结构层的厚度关系密切,在各结构层材料选定(回弹模量为定值)前提下,通过计算和调整各结构层的厚度来满足路面设计要求。

路面厚度的确定方法有两种:经验法和理论法。经验法是以已有的经验和试验为依据,确定路面各结构层的厚度;理论法是以力学分析为基础,并考虑环境、交通条件及材料特性等因素的影响,确定路面各结构层的厚度。我国现行的沥青路面设计方法以"双圆均布垂直荷载作用下的弹性层状体系理论"为基础,进行结构分析和厚度计算,即理论法。

4.4.1 计算图示

将土基看作是均质的弹性半无限体,其应力与应变呈直线关系,可以用弹性半无限体理论来求解土基表面的受力情况。但是,当在土基之上铺筑了一层或几层路面结构后,就成为了多层体系。因此,需用弹性层状体系理论来计算土基及路面结构层中的应力、应变和位移。

弹性层状体系理论假设:各路面结构层具有一定的厚度,而在水平方向上是无限的,路面材料的应力和应变之间呈直线关系,而且土基和路面各结构层的层面间是一种完全连续接触的,各层的力学特性用回弹模量 E、泊松比 μ 以及厚度 h 来表示,并将标准轴载一侧的双轮组荷载简化成两个圆形均布荷载,圆心距离为 3 倍的荷载当量圆半径。

(1)双圆均布垂直荷载作用下的路表弯沉值计算图示,见图 4-15。

(2)双圆均布垂直荷载作用下的沥青混凝土面层和半刚性材料层层底拉应力计算图示,见图 4-16。

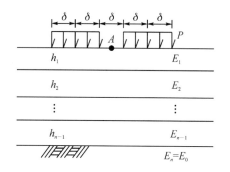
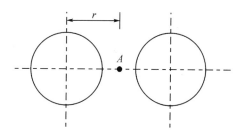

图 4-15 路面弯沉计算图示

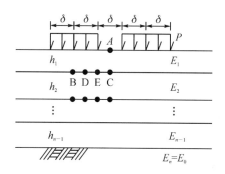
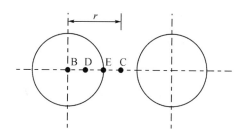

图 4-16 沥青混凝土层和半刚性材料层的层底拉应力计算图示

4.4.2 路表面的弯沉计算

现行规范以设计弯沉值作为路面整体刚度的设计指标。所以,需要计算初拟路面结构的路表弯沉值,与设计弯沉值相比较,以检验路面结构层的整体刚度是否满足设计要求。

路表弯沉计算点选在双圆均布荷载作用下的轮隙中心处——A 点(如图 4-16 所示)。该点的路表弯沉值计算公式为

$$l_s = 1000 \frac{2p\delta}{E_0} \alpha_c \cdot F \tag{4-14}$$

式中:l_s——路表计算弯沉值(0.01 mm);

p、δ——标准车型的轮胎接地压强(单位为 MPa)和当量圆半径(单位为 cm);

E_0 或 E_n——土基的回弹模量(单位为 MPa);

α_c——理论弯沉系数。

$$\alpha_c = f(\frac{h_1}{\delta}, \frac{h_2}{\delta}, \frac{h_3}{\delta}, \cdots, \frac{h_{n-1}}{\delta}, \frac{E_2}{E_1}, \frac{E_3}{E_2}, \frac{E_4}{E_3}, \cdots, \frac{E_0}{E_{n-1}})$$

E_i——路面各结构层的抗压回弹模量;

h_i——路面各结构层的厚度;

F——弯沉综合修正系数。

$$F=1.63\left(\frac{l_S}{2000\delta}\right)^{0.38}\left(\frac{E_0}{p}\right)^{0.36}$$

式中：l_S——路表计算弯沉值(0.01 mm)；

p——标准车型的轮胎接地压强，单位为 MPa。

沥青混合料设计参数见表 4-4。

表 4-4 沥青混合料设计参数

材料名称	沥青针对度	抗压模量 E_1/MPa		劈裂强度 15℃/MPa
		20 ℃	15 ℃	
细粒式密级配沥青混凝土	≤90	1200～1600	1800～2200	1.2～1.6
中粒式密级配沥青混凝土	≤90	1000～1400	1600～2000	0.8～1.2
中粒式开级配沥青混凝土	≤90	800～1200	1200～1600	0.6～1.0
粗粒式密级配沥青混凝土	≤90	800～1200	1200～1600	0.6～1.0
沥青碎石混合料	—	600～800	—	—
沥青贯入式	—	400～600	—	—

注：1.沥青碎石混合料不验算层底拉应力。

2.细粒式和粗粒式的开级配沥青混凝土，选用同类密级配的低值。

3.符合重交通沥青技术要求时，可用较高值；沥青针入度大于 100 时，或符合轻交通沥青技术要求时，采用低值。

4.4.3 结构层层底拉应力

为防止疲劳开裂，在以弯沉为指标控制好路面结构层的厚度后，还要验算沥青混凝土面层以及半刚性基层层底，在车辆荷载重复作用下产生的拉应力是否超过容许值。

计算层层底的最大拉应力计算公式为

$$\sigma_m = p \cdot \bar{\sigma}_m \tag{4-15}$$

式中：$\bar{\sigma}_m$——理论最大拉应力系数。

$$\bar{\sigma}_m = f\left(\frac{h_1}{\delta}, \frac{h_2}{\delta}, \frac{h_3}{\delta}, \cdots, \frac{h_{n-1}}{\delta}, \frac{E_2}{E_1}, \frac{E_3}{E_2}, \frac{E_4}{E_3}, \cdots, \frac{E_0}{E_{n-1}}\right)$$

以单圆中心（B 点）及双圆轮隙中心（C 点）为计算点，并取其较大值作为层底拉应力。

4.4.4 防冻厚度的验算

在季节性冰冻地区的中湿、潮湿路段，应对路面结构进行防冻厚度验算。

防冻厚度与当地的冬季负温度累计值、路面结构层的热物性、路基潮湿类型、路基土类，以及道路冻深有关。

道路冻深的计算公式为

$$h_d = abc\sqrt{f} \tag{4-16}$$

式中:h_d——从路表面至道路冻结线的深度(cm);

a——路面结构层材料的热物性系数;

b——路基横断面填、挖系数;

c——路基潮湿类型系数;

f——最近10年的冻结指数平均值。其中,冻结指数是指一年中平均负温度的累计值。

注:若路面结构层的总厚度小于最小防冻厚度时,应增设防冻垫层,使路面的总厚度满足最小防冻厚度的要求。

4.4.5 新建路面的设计步骤

(1)根据设计任务书的要求,确定公路等级和面层类型,计算设计年限内一个车道的累计当量轴次和路表设计弯沉值。

(2)按路基的土类与干湿类型,将设计路段划分为若干路段(在一般情况下路段长度不宜小于500 mm),确定各路段土基的回弹模量。

(3)参考推荐结构,拟定几种可行的路面结构组合与厚度方案,确定各层材料的回弹模量等设计参数。

(4)根据设计弯沉值确定路面设计层的厚度,并进行相应的验算。

对高速公路、一级公路、二级公路还应验算其层底拉应力。上述计算应采用多层弹性体系理论编制的专用设计程序进行。季节性冰冻地区的高级和次高级路面,应验算防冻厚度是否符合要求。有条件时,对重载交通路面宜检验沥青混合料的抗剪强度。

(5)进行技术经济比较,确定采用的路面结构方案。

4.5 道路工程路面施工

4.5.1 碎、砾石路面

碎、砾石路面通常是指水结碎石路面、泥结碎石路面以及密级配的碎(砾)石路面等,这类路面通常只能用于中低等交通量的公路。

碎石路面的强度主要依靠石料的嵌挤作用以及填充结合料的黏结作用。碎石路面可分为水结碎石、泥结碎石、级配碎石和干压碎石,常用砂、砾石、天然砂石或块石作为基层,或直接铺于路基上。

1.水结碎石路面

水结碎石路面是用大小不同的轧制碎石从大到小分层铺筑,经洒水碾压后形成的一种结构层。其强度是由碎石之间的嵌挤作用以及碾压时所产生的石粉与水形成的石粉浆的黏结作用形成的。其厚度一般为10~16 cm。

水结碎石路面对材料的基本要求为:碎石应具有较高的强度、韧性和抗磨耗能力;碎石应具有棱角且近于立方体,长条扁平的石料不超过 10%;碎石应干净,不含泥土杂物;碎石最大粒径不应超过压实厚度的 0.8 倍。

水结碎石路面施工工序如下:

(1)准备工作:撒铺石料并摊平,可分一、二次撒铺—预碾碎石—碾压碎石并洒水—撒铺嵌缝料并碾压与洒水碾压—撒铺石屑并洒水碾压成型—初期养护。

一般情况下应全幅路施工,如半幅施工,接缝处应处理仔细。

(2)水结碎石路面的碾压分以下三个阶段:

第一阶段:稳定期,用 60~80 kN 的轻型压路机先干压 2~3 遍,再随压随洒水,洒水目的是使碎石在压路机作用下就位压实;

第二阶段:压实期,宜采用 80~120 kN 中型压路机进行洒水碾压,以便进一步增加石料间的嵌挤程度,此阶段直至碎石不再松动,表面无轨迹为止。

第三阶段:成型期,撒铺嵌缝料,洒水,并以 120 N 的重型压路机碾压。

2.泥结碎石路面

以碎石作为骨料,黏土作为填充料和黏结料,经压实修筑而成的一种结构。它的力学强度和稳定性不仅取决于碎石的相互嵌挤作用,同时也受到土的黏结作用的影响,它的水稳定性差,只适用于干燥路段;能用于低等级道路的路面。厚度一般为 8~20 cm,厚度超过 15 cm 时,分两层铺筑。施工方法有灌浆法、拌和法、层铺法三种。灌浆法施工工艺为:准备工作,摊铺碎石,初压,灌浆,撒嵌缝料,碾压。

3.级配砾(碎)石路面

级配砾(碎)石路面,是由各种集料(碎石或砾石)和土,按最佳级配原理修筑而成的路面层或基层。级配砾碎石路面的强度是由摩阻力和黏结力构成,具有一定的水稳性和力学强度。

(1)级配砾(碎)石路面与基(垫)层的厚度和材料面层厚度一般为 8~16 cm,当厚度大于 16 cm 时应分两层铺筑,下层厚度为总厚度的 0.6 倍。如果基层和面层为同样类型的结构,其总厚度在 16 cm 以下时,可分两层摊铺,一次碾压。级配砾(碎)石路面所用材料,主要为天然砾石或较软的碎石。

(2)级配砾(碎)石路面与基(垫)层的施工,一般按下列工序进行:开挖路槽—备料运输—铺料—拌和与整形—碾压—铺封层。

开挖路槽完毕后用重型压路机碾压达到规定压实度;备料运料按施工路段长度分段运备材料,砾(碎)石可直接堆放在路槽内,砂及黏土堆放在路肩上;铺料时,先铺砾石,再铺黏土,最后铺砂;碾压时,先用轻型压路机压 2~3 遍,继而用中型压路机碾压成型,碾压时注意在最佳含水率下进行。

4.5.2 沥青混凝土路面施工

1.准备工作

(1)检查与清理基层:保证基层坚实、平整、洁净和干燥;

(2)准备和检查施工机具;

(3)落实材料:施工前应对各种材料进行调查试验,经选择确定的材料在施工过程中应保持稳定,不得随意变更;

(4)备齐仪器用具,制订施工计划,安排好劳动力,进行施工放样等各项工作;

(5)确定施工稳定,并进行混合料组成设计。

2.施工程序

(1)安装路缘石:沥青路面的路缘石可根据要求和条件选用沥青混凝土或水泥混凝土预制块、条石、砖等,见图4-17。

(2)清扫基层:基层必须坚实、平整、洁净和干燥,对有坑槽、不平整的路段应先修补和整平。整体强度不足时,应给以补强,见图4-18。

图4-17 安装路缘石　　　　　　　图4-18 清扫基层

(3)浇洒粘层或透层沥青,见图4-19。

(4)拌和与运输,见图4-20。

图4-19 浇洒粘层或透层沥青　　　　图4-20 拌和及运输

①拌和控制:控制油石比、级配、温度,前两项也是控制造价的关键。

②运输控制:根据运输距离、生产能力、摊铺压实速度和行车情况等因素,遵照生产施工现场应保留3~5辆等候的原则匹配运输车数量。确保生产、摊铺的连续性和摊铺质量的稳

定性。

运料车每次使用前后必须清扫干净,在车厢板上涂一层防止沥青黏结的隔离剂或防腐剂,运料车运输混合料宜用苫布覆盖保温、防雨、防污染。

运料车应在摊铺机前 10～30 cm 处停住,空挡等候,由摊铺机推动前进开始缓缓卸料,避免撞击摊铺机。运料车每次卸料必须倒干净,尤其是对改性沥青或 SMA 混合料,如有剩余,应及时清除,防止硬结。

(5)摊铺:沥青混合料可用人工或机械摊铺,热拌沥青混合料应采用机械摊铺,摊铺必须均匀、缓慢、连续不断地进行,见图 4-21。沥青混合料的最低摊铺温度见表 4-5。

图 4-21 沥青混合料摊铺

表 4-5 沥青混合料最低摊铺温度

下卧层的表面温度/℃	相应于下列不同摊铺层厚度的最低摊铺温度/℃					
	普通沥青混合料			改性沥青混合料或 SMA 沥青混合料		
	<50 mm	(50～80)mm	>80 mm	<50 mm	(50～80)mm	<50 mm
<5	不允许	不允许	140	不允许	不允许	不允许
5～10	不允许	140	135	不允许	不允许	不允许
10～15	145	138	132	165	155	150
15～20	140	135	130	158	150	145
20～25	138	132	128	153	147	143
25～30	132	130	126	147	145	141
>30	130	125	124	145	140	139

(6)碾压:沥青混合料的碾压应按初压、复压、终压(包括成型)三个阶段进行。碾压时应将驱动轮面向摊铺机。在整个压实过程,压路机应以慢而均匀的速度碾压,压路机的碾压速度应符合表 4-6 的要求。分层压实厚度不得大于 10 cm,见图 4-22。

①初压:使混合料初步稳定成型,使用较轻型光轮压路机;

②复压:主要压实阶段,使初步密实的混合料逐步压密到要求的密实度,一般采用胶轮压

路机或吨位较大的压路机;

③终压:消除碾压轮迹阶段,保证表面平整,采用轻型压路机。

表 4-6 沥青路面的碾压速度要求

压路机类型	初压		复压		终压	
	适宜	最大	适宜	最大	适宜	最大
钢筒式压路机	2~3	4	3~5	6	3~6	6
轮胎压路机	2~3	4	3~5	6	4~6	8
振动压路机	2~3 (静压或振动)	3 (静压或振动)	3~4.5 (振动)	5 (振动)	3~6 (静压)	6 (静压)

图 4-22 碾压

(7)接缝处理:沥青路面的各种施工缝(包括纵缝及横缝)都必须密实、平顺。

①纵向接缝施工:摊铺时采用梯队作业的纵缝应采用热接缝;半幅施工不能采用热接缝时,宜加设挡板或采用切刀切齐,铺另半幅前必须将缝边缘清扫干净,并涂洒少量粘层沥青。摊铺时应重叠已铺层上 5~10 cm。

②横向接缝的施工:对高速公路和一级公路,中下层的横向接缝时可采用斜接缝,在上面层应采用垂直的平接缝。其他等级公路的各层均可采用斜接缝。平接缝应做到紧密黏结,充分压实,连接平顺。

(8)开放交通:热拌沥青混合料路面应待摊铺层完全自然冷却,混合料表面温度低于 50 ℃(石油沥青)或 45 ℃(煤沥青)后开放交通。

3.沥青混合料检验

(1)混合料温度。沥青混合料到场温度是混合料质量的一个重要参数,它关系到摊铺温度、初始碾压温度、终了碾压温度和开放交通时间。

据统计,一般情况下运输时间在 1 h 内,混合料温度损失在 0~5 ℃内。

据统计,卸料时在天气晴朗的情况下,混合料冒淡淡的青烟,这时温度约为 130~140 ℃;

冒较浓的青烟或蓝烟,这时温度为 145～160 ℃;冒白烟,这时温度为 170～185 ℃;冒较浓的白烟或白中带黄色时,这时温度可能已超过 195 ℃,应作为废弃料处理。

控制出厂温度普通沥青 145～165 ℃;改性沥青 170～185 ℃;高于 195 ℃的混合料视为废料。

(2)抽提筛分试验。将要抽取的混合料拌和均匀,按四分法分至要求的试验质量约 1000～1500 g,倒入离心式抽提仪进行试验。抽提结束将矿料烘干筛分,计算油石比和筛分通过量,与设计油石比和设计级配做比较。抽提筛分应至少检查 0.075 mm、2.36 mm、4.75 mm 公称最大粒径及中间粒径等 5 个筛孔的通过率。

(3)马歇尔试验。取 4～6 份要求质量(一般在 1180～1220 g 左右)的混合料再加热进行马歇尔试验。测定马歇尔试件的空隙率、稳定度、流值等物理指标,计算合格率,并结合规范要求和设计规定进行比较。

(4)路面钻芯。测定路面钻芯试件的空隙率及压实度。

4.5.3 水泥混凝土路面施工

1. 施工准备

(1)选择混凝土拌和场地。

考虑因素如下:施工路线的长短、运输工具、尽可能保证运送混合料的运距最短;接近水源和电源;拌和场应有足够的面积,以供堆放砂石材料和搭建水泥库房。

(2)材料准备及质量检验。

各种材料应符合规定的质量要求。新出厂的水泥应至少存放一周后方可使用。路面在浇筑前必须对混凝土拌和物的工作性能进行检验并作必要的调整。

(3)基层的检验与整修。

(4)混合料配合比检验与调整。

(5)施工放样及机械准备。

根据设计图纸恢复路中心线和混凝土路面边线,在中心线上每隔 20 m 设一中桩,同时布设曲线主点桩及纵坡变坡点、路面板胀缝等施工控制点,并在路边设置相应的边桩,重要的中心桩要进行拴桩。每隔 100 m 左右应设置一临时水准点,以便复核路面标高。各种机械的检修、选择的主导机械应能满足施工质量和进度要求,在保证主导机械发挥最大效率的前提下,选用的配套机械应尽可能少。

2. 施工程序

(1)基层质量检验。

按质量检评标准,检查水稳碎石基层强度、顶面高程、平整度等,各项指标均满足要求后,并经市质监站监督工程师鉴定后,方可进行路面施工。

(2)测量放样。

首先根据设计图纸放出路中心线及路边线,在路中心线上一般每 20 m 设一中心桩,同时应在胀缩缝、曲线起讫点和纵坡转折点等处设中心桩,并相应在路边各设一对边桩。主要中心桩应分别固定在路旁稳固位置。在路面两侧每 100 m 设置一个临时水准点,以便于就近对路面进行标高复核。

(3)砼拌和运输。

砼用各种材料必须满足规范要求,砼配合比经试验并报监理工程师批准。

在拌和厂设砼搅拌站一座,采用集中拌和,搅拌机加料顺序为砂、水泥、碎石,边搅拌边加水。加水量要以实验室提供的数据为准,以保证砼的和易性,坍落度不易过大,在拌和站坍落度应控制在 9 cm 左右。运输采用汽车自卸运输车运输,运到工地现场的坍落度控制在 7 cm 左右。

(4)摊铺施工。

模板采用高为 20 cm、长度为 3 m 的槽钢侧放使用,内外用钢钎固定。在槽钢顶面焊接 3 cm 的角铁使侧模能达到规定高度,传力杆按设计图要求备好,在槽钢上按设计距离打孔安装传力杆。水准测量确定槽钢顶面标高为砼路面高程。模板底部用叉头楔垫实并牢靠固定,空隙处用砼垫实处理,确保其在混凝土摊铺整平机工作时不会因振动发生标高误差及振捣时不漏浆。

浇筑砼前,复测模板顶面标高,测量浇筑厚度,均匀撒铺 5 mm 厚中砂,洒水湿润基层,以避免底部砼水分的流失,保证振捣后密实。把砼摊铺整平机卸在槽钢上,并通电试运行。

砼运输车直接开进支好模板的路面基层上,由专人按距离和砼的用量指挥砼运输车进行卸料,对料不均时用铲车补料。人工大致整平,工作时应用"扣锹"的方法,严禁抛掷和搂耙。考虑振捣后的砼沉降量,砼应略高于模板 2~3 cm(根据试验段效果,在以后施工中调整此数据)。用插入式振捣器普遍振捣一遍,作用半径严格搭茬,振捣到位且均匀。尤其是靠近模板和已完成砼路面部位更要注意。振捣棒的作用半径 R 为振动棒半径的 8~9 倍,振捣棒工作时的间距为 1.5 R;70 型振捣棒的工作间距为 42 cm,振动棒工作时应上下移动,以便振捣密实。振捣时间通过观察砼的情况确定(振捣时砼不再明显沉降;不再有大量气泡出现;砼表面均匀,平整并已泛浆),一般情况下振捣时间约为 20~30 秒。振捣棒在一个部位工作完毕后,须缓慢、匀速地边振边上提,不宜过快,以防振动中心产生空隙或不均匀。开动砼摊铺整平机,进行提浆整平,对低洼部位人工辅助填料(填料必须是砼成品料,严禁用砂浆)。对过高的部位,由人工铲除。摊铺机振动滚压三遍后,关闭振动滚压两遍即可。振捣与整平两道工序之间时间间隔不宜超过 15 分钟,超过初凝时间的砼拌合料严禁使用,严禁分散于砼板底层。

(5)表面整平。

砼表面通过进一步精细修整,使其更加致密、平整和美观。整平工作由提浆整平机完成,在整平过程中,由专人随时用 4 m 铝杠测量平整度,最大间隙不超过 2 mm。对于低洼处,填补均匀的砼拌合料拍实抹平。对个别较高的部位进行压平,然后用驾驶式抹光机进行抹平直至达到要求。严格控制好整平抹面的时间、遍数及程度,避免路面起砂、露石等现象。

纹理制作是提高水泥砼路面行车安全措施之一。在养生期时间到达以后用刻纹机对砼路面进行刻槽,使砼表面具有一定的粗糙度。纹理制作的深度控制在 3 mm 左右,纹理的走向控制与路面前进方向垂直,相邻板的纹理要互相衔接,横向相邻的纹理要沟通以利排水。

(6)养生。

混凝土表面修整完毕后,进行养生,使混凝土板在开放交通前具有足够的强度。在养生初期,为减少水分蒸发,避免阳光照射,防止风吹和雨淋等。我们在凝土板表面的泌水消失后,采用喷洒养生剂的方法进行养生,使之保持湿润状态。

水泥砼使用普通硅酸盐水泥加粉煤灰,养生时间为 28 d。

模板在浇筑混凝土 12 h 左右拆除。交通车辆不能直接在混凝土板上行驶,拆模板时不应损坏混凝土板和模板。

(7)接缝施工。

①纵缝。纵缝的构造采用平缝加拉杆型。支立模板时,应将模板稍微倾斜,使摊铺整平机接触模板的一条线而不是一个面,以保证纵缝的顺直。填仓施工时,在已成型的板块边缘上垫 2 mm 厚的钢带,使摊铺机不直接与已成型的板块接触,确保已成型的砼板块不被破坏。

平缝施工根据设计要求的间距,预先在模板上制作拉杆置放孔,并在缝壁一侧涂刷隔离剂,拉杆采用螺纹钢筋,顶面的缝槽以切缝机切成,深度为 5 cm,保持纵缝的顺直和美观。

假缝施工时,在摊铺过程中用专用的拉杆插入装置插入拉杆,假缝顶面的缝槽采用切缝机切成,深为 5 cm,使混凝土在收缩时能从此缝向下规则开裂,防止因切缝深度不足引起不规则裂缝。

②横向缩缝。混凝土结硬后适时切缝,切得过早,因混凝土的强度不足,会引起集料脱落,不能切出整齐的缝。切得过迟,混凝土板会在非预定位置出现早期裂缝。合适的切缝时间应控制在混凝土获得足够的强度,而收缩应力并未超出其强度范围时。它随混凝土的组成和性质(集料类型、水泥类型和含量、水灰比等)、施工时的气候条件(温度及其变化、风)等因素而变化。适宜的切缝时间是施工温度与施工后时间的乘积为 200~300 个温度小时或混凝土的抗压强度为 8.0~10.0 MPa 时比较适合。切缝采用调深调速的切缝机锯切。为减少早期裂缝,切缝可采用跳仓法,即每隔几块板切一缝,然后再逐块锯。切缝深度为 5.0 cm,缝宽为 5 mm,切缝太浅会引起不规则断板。

切缝时,应调整刀片的进刀深度,并随时调整刀片切割方向。停止切缝时,应先关闭旋钮开关,将刀片提升到砼板面上停止运转。

③胀缝。

胀缝分浇筑混凝土终了时设置和施工中间设置两种。

在施工终了设置胀缝时,传力杆长度的一半穿过端部挡板,固定于外侧定位模板中。混凝土浇筑前先检查传力杆位置。浇筑时,先摊铺下层混凝土,用插入式振捣器振实,并校正传力杆位置,再浇筑上层混凝土。浇筑邻板时应拆除顶头木模,并设置下部胀缝板、木制嵌条和传力杆套管。

施工过程设置胀缝时,先设置好胀缝板和传力杆支架,为保证胀缝施工的平整度以及机械化施工的连续性,胀缝板以上的混凝土硬化后用切缝机按胀缝板的宽度切两条线,待填缝时,将胀缝板以上的混凝土凿去,保证胀缝施工质量。

④施工缝。

施工缝为施工间断时设置的横缝,常设于胀缝或缩缝处,施工缝应避免设在同一横断面上。施工缝如设于缩缝处,板中应增设传力杆,其一半锚固于混凝土中,另一半应先涂沥青,允许滑动。传力杆必须与缝壁垂直。

(8)水泥砼路面施工防雨措施。

准备宽8 m、长100 m的彩条布及活动支架,下雨时在砼路面上由人工撑起,人工在棚下快速对砼路面完成作业。

3.特殊气候条件下混凝土路面的施工

(1)冬季施工。

混凝土路面应尽可能在气温高于5℃时施工。由于特殊情况必须在低温条件下(昼夜平均气温低于+5℃和最低气温低于-3℃)施工时应采取下述措施:

①采用高强度等级快凝水泥,或掺入早强剂,或增加水泥用量。

②加热水或集料。拌制混凝土时,先用温度超过70℃的水同冷集料相拌和,使混合料在拌和时的温度不超过40℃,摊铺后的温度不低于10(气温为0℃)~20(气温为-3℃时)。

③混凝土修整完毕后,表面应覆盖蓄热保温材料,必要时还应加盖养生暖棚。

(2)夏季施工。

可采取以下措施:

①混凝土拌和物在运输中要加以遮盖,及时运至工地;

②各道工序应衔接紧凑,尽量缩短施工时间;

③在已铺好的路面上,搭设遮光挡风设备,以避免混凝土遭到烈日暴晒并降低吹到混凝土表面的风速,减少水分蒸发。

(3)雨季施工。

必须做好以下几点:

①经常与当地气象台联系,了解近期的天气预报,抓紧在不下雨时间施工,一般有雨不施工;

②预先搭建一定数量的工作雨篷,保护刚铺筑的混凝土路面,也可利用它继续铺筑;一般在下雨时,应铺筑完正在浇筑的一块板,停工做施工缝。

本章小结

本章首先介绍了路面的特点和性能要求;其次介绍了路面根据材质分为柔性路面和刚性路面,其中路面结构的承载力与土基和各结构层材料的回弹模量有关,同时与结构层的厚度关系密切,在各结构层材料选定(回弹模量为定值)前提下,通过计算和调整各结构层的厚度来满足路面设计要求;最后详细介绍了路面的结构组成,并讲述了沥青路面和水泥混凝土路面施工,从准备工作,到具体施工程序和后期路面检验。

思考及练习题

1. 柔性路面常见的损坏形式有哪些?
2. 柔性路面的设计指标的类型有哪些?
3. 路面按力学特性可分为几类,其力学特性如何?
4. 我国沥青路面的设计参数有哪些?
5. 沥青路面施工时,透层油渗透深度值为多少最佳?

第 5 章 道路工程质量检测

教学目标：

了解道路工程使用质量常见的工程检测方法；

学习路基、路面质量的常见检测方法，掌握各种检测方法的原理、步骤及评定。

5.1 常用术语及取样办法

5.1.1 常用术语

道路工程质量检测的常用术语见表 5-1。

表 5-1 道路工程常用质量术语

序号	术语名称	定义	表示方式
1	路基宽度	为行车道与路肩宽度之和，以 m 计。当设有中间带、变速车道、爬坡车道、紧急停车带时，也应该包括这些部分的宽度	m
2	路面宽度	包括行车道、路缘带、变速车道、爬坡车道、硬路肩和紧急停车带的宽度，以 m 计	m
3	路基横坡	路槽中心线与路槽边际两点高程差与水平距离的比值	百分率
4	路面横坡	对无中央分隔带的道路是指路拱外表直线部分的坡度；对有中央分隔带的道路是指路面与中央分隔带交界处及路面边缘与路肩交界处两点的高程差与水平距离的比值	百分率
5	路面中线偏位	路面实际中心线与设计中心线的距离，以 mm 计	mm
6	压实度	铺筑道路的材料在现场压实后的干密度与室内击实试验获得的标准最大干密度之比，以百分率表示	百分率
7	平整度	路表面相对于设计理想平面的竖向偏差	测试方法不同，表示不同
8	弹性模量	筑路材料在弹性极限内应力与应变的比值	MPa

续表

序号	术语名称	定义	表示方式
9	弯沉	在设计规定的荷载作用下,路基或路面外表发生的总垂直变形值(总弯沉)或垂直回弹变形值(回弹弯沉),以 0.01 mm 为单位表示	0.01 mm
10	构造深度	路面表面开口空隙的均匀深度,即宏观构造深度 TD,以 mm 计	mm
11	摆值	用摆式摩擦系数测定仪测定路面在湿润条件下的摩擦系数表征值,为摩擦系数的 100 倍,即 BPN	BPN
12	横向力系数	与行车方向成 20°偏角的测定轮以特定速度行进时,专用轮胎与湿润路面之间的测试轮轴向摩擦阻力与垂直荷载的比值,简称 SFG,无量纲	SFC
13	渗水系数	在规定的初始水头压力下,单位时间内渗入路面规定面积的水的体积,以 mL/min 计	mL/min
14	路面错台	路面结构中,相邻水泥混凝土板块接缝间出现的高程突变,以 mm 计	mm
15	车辙	路面经车辆反复行驶发生流动变形、磨损、沉陷后,在车行道行车轨迹上发生的纵向带状辙槽,车辙深度以 mm 计	mm

5.1.2 检测项目

道路试验检测项目见表 5-2。

表 5-2 道路试验检测项目一览表(综合甲级)

序号	检测内容	检测项目或指标
1	土	土颗粒级配、液限塑限、最大干密度、最佳含水量、CBR、粗粒土最大干密度、回弹模量、凝聚力、内摩擦角、自由膨胀率
2	集料	颗粒级配、压碎值、磨耗值、磨光值、冲击值、针片状颗粒含量、砂当量、含泥量、坚固性、表观相对密度、吸水率、棱角性、碱活性
3	石料	单轴抗压强度、抗冻性
4	水泥	凝结时间、安定性、胶砂强度、细度、胶砂流动度、比表面积
5	水泥混凝土、砂浆、外加剂	抗压强度、抗折强度、抗压弹性模量、配合比设计、坍落度、含气量、混凝土凝结时间、抗渗性、劈裂抗拉强度、抗折弹性模量、干缩性、抗磨性、抗冻性、减水率、泌水率、外加剂的钢筋锈蚀试验

续表

序号	检测内容	检测项目或指标
6	无机结合料稳定材料	无侧限抗压强度、水泥或石灰剂量、配合比设计、石灰有效钙镁含量、粉煤灰细度、粉煤灰烧失量、粉煤灰比表面积
7	沥青	针入度、延度、软化点、闪点、蜡含量、粘附性、动力黏度、运动粘度、薄膜加热质量损失、改性沥青弹性恢复、改性沥青离析、乳化沥青破乳速度、乳化沥青粒子电荷、乳化沥青筛上残留物、恩格拉黏度、道路标准黏度、蒸发残留物含量
8	沥青混合料	马歇尔稳定度、沥青含量、动稳定度、配合比设计、最大理论密度、SMA、粗集料骨架间隙率、析漏损失、飞散损失、冻融劈裂强度比、低温最大弯拉应变
9	钢筋	抗拉强度、屈服强度、伸长率、冷弯
10	预应力钢绞线	拉伸试验(最大力、规定非比例延伸率、最大力总伸长率)弹性模量、松弛率、疲劳及偏斜拉伸试验
11	土工合成材料	拉伸强度、延伸率、撕裂强度、顶破强度、厚度、单位面积质量、渗透系数
12	道路工程	压实度、路面厚度、弯沉、平整度、车辙、摩擦系数、路面渗水、土基回弹模量、路面构造深度
13	结构混凝土	强度、混凝土碳化深度、钢筋位置及保护层厚度、表观及内部缺陷、钢筋锈蚀状况、钢筋锈蚀电位或极化电流、氯离子含量、混凝土电阻率
14	地基基础	地基承载力、地表沉降、深层水平位移、特殊地基处理性能
15	基桩	完整性、承载力
16	桥梁隧道结构及构件	应变(应力)、变形、位移、自振特性参数加速度、速度、振幅、振动频率、承载能力评价、隧道断面检测
17	锚具	静载锚固性能(锚固效率系数、总应变)、洛氏硬度、周期荷载试验、疲劳试验、辅助性试验
18	橡胶支座	抗压弹性模量、抗剪弹性模量、极限抗压强度、抗剪黏结性能、抗剪老化
19	公路线形及几何尺寸	道路线形、桥梁线形、几何尺寸
20	交通安全设施(含机电系统土建)	外观及几何尺寸、反光标志逆反射系数、反光标线逆反射系数、标线涂层厚度、标线抗滑性能、突起路标发光强度系数、色度性能表面色)、金属构件防腐层性能、立柱(支撑)竖直度、拼接螺栓抗拉荷载、反光膜抗拉荷载、反光膜附着性能、玻璃珠含量、涂料抗压强度、涂料耐磨耗性能、突起路标抗压荷载、突起路标抗冲击性能、设备基础砼强度、通信管道质量

5.1.3 检测取样方法及要求

道路工程试验检测取样方法及数量见表5-3。

表5-3 道路工程试验检测送(取)样方法及数量

序号	试验(检测)项目		取样方法	送(取)样数量	试验规程	备注
1	土	最大干密度 最佳含水量	/	30 kg	《公路土工试验规程》(JTG 3430—2020)	来源不同、性质差别较大的土分别做试验;试验用数量按最大粒径小于等于 40 mm 的干土质量计
		CBR		55 kg		
		室内回弹模量		30 kg		
		液限塑限 颗粒分析		8 kg		
2	水泥	抗压(折)强度、凝结时间、安定性、标准稠度、细度表面	每1/10编号从一袋中等量取出(袋装)或1/10编号中在5分钟内等量(散装),密封包装	12 kg	《公路工程水泥及水泥混凝土试验规程》(JTG 3430—2020)《水泥取样方法》(GB 12573—2008)	同一厂家、同品种、同强度等级、同一编号为一批
3	粉煤灰	细度、需水量比、烧失量、含水量	应从10个以上不同部位、深度等量取样组成,密封包装	5 kg	《用于水泥和混凝土中的粉煤灰》(GB/T 1596—2017)	连续供应的相同等级、相同种类的200 t 为一批,不200 t者按一批计
4	钢筋	原材 极限(屈服)强度、伸长率	任取一根钢筋的正常部位截取相邻两试样	50 cm×2根 70 mm×2根 (<16 mm)	《金属材料拉伸试验 第1部分:室温试验方法》(GB/T 228.1—2010)《金属材料管-弯曲试验方法》(GB/T 244—2020)	同一炉号、罐号、规格60 t为一批,不足60 t者按一批计。冷拉钢筋每批不大于20 t;精扎螺纹钢每批不大于100 t;圆盘条冷弯试验取一根;复检加倍取样数量
		冷弯		25 cm×2根		
		焊接(连接) 极限强度、冷弯(闪光对焊)	焊接钢筋应预弯使两钢筋轴线在一直线,截取长度为连(焊)接长度+22.5×2 cm	3根(闪光对焊6根)	《公路桥涵施工技术规范》(JTG/T 3650—2020)	同焊工、同焊接条件焊接、相同规格300个接头为一批,不足300个接头按一批计

续表

序号	试验(检测)项目		取样方法	送(取)样数量	试验规程	备注
5	碎石	级配、压碎值、针片状颗粒含量、含泥量	见规范的注释		《公路桥梁施工技术规范》(JTG/T 3650—2020)	400 m³(机械生产)或200 m³(人工搅拌)为一批
6	砂	级配、含泥量	—	—	—	—
7	外加剂	性能指标、匀质性指标	点样(一次生产的产品所得试样)或混合样(为一个或多个点样等里混合而得)	不少于0.2 t水泥(所需用外加剂里未考虑其余材料)	《混凝土外加剂应用技术规》(GB 50119—2013)	掺量大于等于1%同品种100 t,掺量小于1%同品种50 t为同一编号,不足100 t或50 t按一编号计
8	钢绞线	最大拉力、伸长率	端部正常部位截取,用砂轮机切割,切割后不应松散	100 mm×3根	《预应力混凝土用钢绞线》(GB/T 5224—2014)《公路桥涵施工技术规范》(JTG/T 3650—2020)	每批不大于60 t
9	土工合成材料	土工布	厚度、单位面积质里、拉伸长度伸长率、CBR垂直渗透系数等	卷装材料的头两层不应取样,全部试样在同一样品中裁取,且应无破损卷装呈原封不动状,避免污迹、折痕、空洞或其他损伤。	4 m²	公路工程土工合成材料相关的九项规定	同一牌号的原料、同一配方、同一规格的产品为一批,每批不超过500卷(每卷长30 m)
		土工格栅	拉伸强度、伸长率、单位面积质量等		2 m²		
10	粗集料	级配、表观密度、堆积密度、含水率、吸水率含泥量、针片状颗粒含量、压碎值、坚固性	见规范的注释	130 kg(以最大公称粒径31.5 mm)	《公路沥青路面施工技术规范》(JTG F40—2004)	同一料源、同一次购入并运至生产现场的同一规格材料为一批
11	细集料	级配、表观密度、堆积密度、含泥量、砂当量	—	20 kg(以堆积密度试验量确定,并考虑四分法)		

5.2 路基路面几何尺寸检测

在路基路面施工过程中、交工验收期间以及旧路调查中,都需要检测路基路面各部分的几何尺寸,以保证其符合规定的要求,结构层检测项目的要求参见《公路工程质量检验评定标准 第一册 土建工程》(JTG F80/1—2017)。

5.2.1 目的与使用范围

道路几何尺寸检测包括路基、路面等各部分的宽度、高程、横向坡度以及道路中线等几何尺寸的检测,其数据不仅可用于道路施工过程、路面交工验收,而且可用于对道路的调查和使用情况的分析。

5.2.2 准备工作

1.测设点的选取

在选取的道路上进行测设点的测定,用皮尺量出测设点的位置并用粉笔作记号,并在地面上标记测点桩号,以方便后续测设点高程的测设。

2.测设仪器的选择

道路高程的测设选用 NAL132 自动安平水准仪、一对水准尺、30 米皮尺、扫把、粉笔。

3.路面横坡的测定要求

横坡是指路幅和路侧带各组成部分的横向坡度,指路面、分隔带、人行道绿化带等的横向倾斜度,以百分率表示。

一般城市规划和道路设计时,会对路面、分隔带、人行道等设计一个横坡,一般基地车行道的横坡宜为 1.5~2.5%;基地人行道的横坡宜为 1.5~2.5%。通常的要求是小于等于 3% 横坡的设计一般是出于雨天排水考虑人行道横坡宜采用单面坡,横坡度为 1%~2%。

(1)对设有中央分隔带的路面。将精密水准仪架设在路面平顺处调平,将塔尺分别竖立在路面与中央分隔带分界的路缘带边缘 d_1 及路面与路肩交界处(或外测路缘石边缘)的标记 d_2 处,d 与 d_2 两测点必须在同一横断面上,测量 d_1 与 d_2 的高程,记录高程读数,以 m 表示,准确至 0.001m。

(2)对无中央分隔带的路面。将精密水准仪架设在路面平顺处调平,将塔尺分别竖立在路拱曲线与直线部分的交界位置 d_1,及路面与路肩(或硬路肩)的交界位置 d 处,与两测点必须在同一横断面上,测量 d 与 d_2 处的高程,记录高程读数,以 m 表示,准确至 0.001 m。

4.路面横坡测设步骤

(1)测设前记录选取道路的名称、测量的方向、测量日期、测量时的天气、观察道路路面的整体的情况。

(2)量取选取道路的横向宽度,并用粉笔将道路的中线标记出来。

(3)将水准仪架设在中线位置,测设前用扫把将测设点的杂物和泥土清扫干净,避免因杂物影响测量高程,将水准尺放在已经测定的桩号控制点上,读取水准尺上的读数。

(4)将读数记录在绘制的表格中。

5. 中线偏位测试步骤

(1)有中线坐标的道路。首先从设计资料中查出待测点 P_0 的设计坐标,用经纬仪对该设计坐标进行放样,并在放样点 P' 做好标记,量取 PP' 的长度,即中线平面偏位 Δ_{CL},以 mm 表示。对高速公路及一级路,准确至 5 mm;对其他等级公路,准确至 10 mm。

(2)无中桩坐标的低等级道路。首先恢复交点或转点,实测偏角和距离,然后采用链距法、切线支距法或偏角法等传统方法敷设道中线的设计位置,量取设计位置与施工位置之间的距离,即为中线平面偏位 Δ_{CL},以 mm 表示,准确至 10 mm。

6. 计算

(1)按式(5-1)计算各个断面的实测宽度 B_{1i} 与设计宽度 B_{0i} 之差。总宽度为路基路面各部分宽度之和。

$$\Delta B_i = B_{1i} - B_{0i} \tag{5-1}$$

式中:B_{1i}——各断面的实测宽度,单位为 m;

B_{0i}——各断面的设计宽度,单位为 m;

ΔB_i——各断面的实测宽度和设计宽度的差值,单位为 m。

(2)按式(5-2)计算各个断面的实测高程 H_{1i} 与设计高程 H_{0i} 之差。

$$\Delta H_i = H_{1i} - H_{0i} \tag{5-2}$$

式中:H_{1i}——各个断面的纵断面实测高程,单位为 m;

H_{0i}——各个断面的纵断面设计高程,单位为 m;

ΔH_i——各个断面的纵断面实测高程和设计高程的差值,单位为 m。

(3)各测定断面的路面横坡按式(5-3)计算,准确至一位小数。按式(5-4)计算实测横坡 i_{1i} 与设计横坡 i_{0i} 之差。

$$i_{1i} = \frac{d_{1i} - d_{2i}}{B_{1i}} \times 100 \tag{5-3}$$

$$\Delta l_i = i_{1i} - i_{0i} \tag{5-4}$$

式中:i_{1i}——各测定断面的横坡,单位为%;

d_{1i} 及 d_{2i}——各断面测点 d_1 及 d_2 处的高程读数,单位为 m;

B_{1i}——各断面测点 d_1 与 d_2 之间的水平距离,单位为 m;

i_{0i}——各断面的设计横坡,单位为%;

Δi_i——各测定断面的横坡和设计横坡的差值,单位为%。

(4)根据《公路路基路面现场测试规程》(JTG 3450—2019)附录 B 的方法计算一个评定路

段内各测定断面的宽度、高程、横坡以及中线平面偏位的平均值、标准差、变异系数,但加宽及超高部分的测定值不参与计算。道路几何尺寸检查原始记录见表 5-4。

表 5-4 道路几何尺寸检查原始记录

检测:　　　　　　　　质检:　　　　　　　　施工:

施工单位:		结构层名称:					气候:			
桩号	宽度/m		横坡度/%		路面厚度/cm			高程/m			
	路基	路面	左	右	底基层	基层	面层	1	2	3	4

日期:　　年　月　日

7.道路几何尺寸检测的注意事项

(1)在用皮尺量取道路横向道路路面宽度时,皮尺应尽量平直。

(2)测设道路横向坡度时,两测点的位置应对称平行在同一位置。

(3)在道路横坡坡度测设时,在测点位置的地面应去除杂物的影响,保证测设数据的准确性。

5.3 路基路面平整度检测

路面平整度是评价现有路面使用质量、施工质量和损坏程度的重要指标之一。它直接关系行车的安全性、舒适性、经济性,影响路面的使用寿命。路面平整度不均匀会增加车辆的行驶阻力,造成车辆的额外振动。这种振动会引起行车中断,影响行车的速度和安全性,影响行车的稳定性和乘客的舒适度。同时,振动也会对路面产生冲击力,从而加重路面、汽车零部件的损坏和轮胎磨损,增加油耗。另外,对于水网区,路面不均匀也会积聚雨水,加速路面水的破坏。因此,为了减小振动冲击力,提高行车速度和舒适性,路面应采用并且保持一定的平整度。

影响路面平整度的因素与设计、施工、自然条件等方面有关。良好的路面平整度取决于优良的施工设备、精细的施工工艺、严格的施工质量控制和定期、及时的养护,以保证路面平整度能通过良好的施工设备、精细的施工工艺、严格的施工质量控制和定期及时的养护得到保证。

路面平整度直接反映车辆行驶的舒适度及路面的安全性和使用期限。影响路面平整度的主要因素有:不均匀沉降、碾压摊铺工艺、横缝处理、配合比设计、低承载层病害等。道路的平顺性直接反映了车辆的舒适性和道路的安全使用寿命。路面平整度的检测可以为决策者提供重要的信息,为路面的养护、维修和改造提供最优的决策依据。路面平整度的检测能为决策者提供重要的信息,使决策者能为路面的维修、养护及翻修等作出优化决策。另一方面,路面平整度的检测能准确地提供路面施工质量的信息,为路面施工提供质量评定的客观指标。

路面平整度的检测设备分为断面类及反应类两大类。断面类检测设备是测定路面表面凸凹情况的一种仪器,如常用的 3 米直尺测定法及连续式平整度仪。两种方法对比见表 5-5。国际平整度指数便是以此为基准建立的,这是平整度最基本的指标。反应类检测设备是测定由于路面凹凸不平引起车辆颠簸的情况,这是司机和乘客直接感受到的平整度指标,因此,它实际上是舒适性能指标。最常用的是车载式颠簸累积仪,现已有更新型的自动化测试设备,如纵断面分析仪、路面平整度数据采集系统测定车等。

表 5-5 路面平整度检测方法对比

方法	特点	技术指标
3 米直尺测定法	首先它的设备简单,易携带,且测试结果直观可见;间断测试,工作效率低;它反映的是道路的凹凸长度	最大间隙 h/mm
连续式平整度仪	首先,连续式平整度仪它的设备较为复杂,但其连续测试,工作效率高不间断,反映的也是道路的凹凸长度	标准差 s/mm

5.3.1　3 米直尺检测平整度

1. 测试目的

3 米直尺主要用于测定道路路面平整度,用 3 米直尺测定道路平整度的这种方法比较方便,易于操作,能快速得到试验数据,快速评定道路平整度。3 米直尺不仅可以用于测定已经压实成型的路面各层,如基层、垫层、面层表面的平整度,可以用于评定路面的铺筑施工质量和道路使用质量,也可用于路基表面碾压成型后的施工平整度检测。

3 米直尺测定法有单尺测定最大间隙和等距离(1.5 m)连续测定两种。两种方法测定的路面平整度有较好的相关关系。前者常用于施工质量控制与检查验收,单尺测定时要计算出测定段的合格率,等距离连续测试也可用于施工质量检查验收,要算出标准差,用标准差来表示平整程度。

2. 检测方法

3 米直尺检测平整度是基于 3 米直尺与道路基准面距离路表面的最大间隙,用来表示路基路面的平整度,试验数据单位以 m 计。3 米直尺测道路平整度每 200 米测设 2 处,每处需连续测设 10 尺,需在所测道路上进行连续测设,不能间断测设,并记录每一测尺 3 米直尺距地面数据的最大值,读数精确至 0.1。

3. 仪器与材料

(1) 3 米直尺一把:使用之前要检查尺子的基准面是否平直,长度 3 米,检查尺身的水准气泡是否完整。

(2)量取最大间距的仪器:塞尺两把,塞尺的尺寸应符合要求,即塞尺的长度与高度的比值大于等于 10 mm,且塞尺的宽度小于等于 15 m。塞尺应由金属制作的三角形塞尺和木质手柄构成,塞尺的边部有高度的标记,塞尺的刻度精度大于等于 0.2 mm。

(3)30 米卷尺一把:用于测量所测道路的长度以及划分测区段,根据规范要求每 100 米连续测 10 尺,所以用皮尺将所测道路的测区段进行标记。

(4)粉笔:将所测区段用粉笔进行标记,同时测定位置也需要用粉笔进行标记。

4.测设步骤

(1)准备工作。

①根据规定选定测设路段。

②在选择的测试路段进行测试地点的选定。在测试段测试前用皮尺量取所测道路的长度,并在每 100 米处做标记,根据道路质量检测规范要求测设路段 3 米直尺平整度检测每 100 米应首尾相接连续测 10 尺,测设时应沿行车道路一侧车轮轨迹带,距离车道线 80～100 mm 作为 3 米直尺连续测定的标准位置。

③进行测量时道路两侧的侧段应保持对称平行。

④测设前应将道路表面测定位置的杂物和细小颗粒清扫干净。

(2)实验测试。

①根据道路测设的方向将 3 米直尺放在测设地点的地面上。

②首先目测一下 3 米直尺哪个方位距地面的垂直距离较大,然后用刻有高度标线的塞尺进行细部量测,塞入空隙中,并记录 3 米直尺与地面之间的最大数值,记录最大间隙的高度单位应精确至 0.2 m。

③所测整条道路检测完成后,按现行《公路工程质量检验评定标准 第一册 土建工程》(JTG F80-1—2017)的规定,每 100 米连续检测 10 尺,并记录 10 次 3 米直尺与所测地面最大间隙的数据。

5.检测数据的计算与评定

(1)根据检测数据计算所测道路平整度的合格率。

根据《公路工程质量检验评定标准 第一册 土建工程》(JTG F80-1—2017)中,对水泥混凝土面层 3 米直尺平整度检测,3 米直尺与所测路面最大间隙的合格标准为 5 m,即 3 米直尺与所测道路最大间隙的规定值或允许偏差为 5.0,其计量单位为 mm。

(2)合格率的计算公式。

$$合格率(\%) = \frac{合格尺}{尺} \times 100 \quad (5-5)$$

(3)平整度检测表格绘制。

3 米直尺检测平整度的表格绘制应包括:检测所测道路名称、所测道路结构层类型、合格尺数、不合格尺数、合格百分率、检测时间、仪器型号、检测人员、计算所测数据的平均值等。

3米直尺检测平整度注意事项：

①在使用3米直尺检测平整度之前应将检测区段道路路面表面的杂物清理干净；

②检测平整度度过程中，检测区段道路两侧应尽可能保持平行对称。将3m直尺平行于行车方向摆放，量测最大间隙；

③3米直尺检测道路路面平整度时，3米直尺应连续测设，不允许间断测设；

④用3米直尺放在路面上（与路同向），看尺子是否与路面重合（有无缝隙），检测缝隙是否超标（可用专用的尺量也可用卷尺量）；

⑥连续测定10尺时，判断每个测定值是否合格，根据要求计算合格百分率，并计算10个最大间隙的平均值。

3米直尺现场检测如图5-1所示，检测记录表见表5-6。

图5-1 3米直尺现场检测

表5-6 3米直尺法检测记录表

项目名称			施工单位		
单项工程名称			监理单位		
起讫桩号			实测值/mm		
测点数		最大值		最小值	
小于标准值的点数			合格率		
自检意见					

5.3.2 连续式平整度仪法

1. 试验目的与适用范围

用连续式平整度仪测定路表面的不平整度 1 的标准差,以表示路面的平整度,评定路面的施工质量和使用质量,但不适用于在已有较多坑槽、破损严重的路面上测定。

2. 仪器设备

(1)连续式平整度仪:其实物如图 5-2 所示。

①除特殊情况外,连续式平整度仪的标准长度为 3 m,其质量应符合仪器标准的要求。中间为一个 3 m 长的机架,机架可缩短或折叠,前后各有 4 个行走轮,前后两组轮的轴间距离为 3 m。

②标准差测量传感器安装在机架中间可以是能起落的测定轮,或非接触式位移传感器,如激光或超声位移测量传感器。

③其他辅助机构有:蓄电池电源,距离传感器,与数据采集处理、存储、输出部分配套的采集控制箱及计算机、打印机等。

④测定间距为 10 cm,每一计算区间的长度为 100 m,并输出一次结果。

⑤可记录测试长度(m)、曲线振幅大于某一定值(如 3 m、5 m、8 m、10 m 等)的次数、曲线振幅的单向(凸起或凹下)累计值以 3 m 及机架为基准的中点路面偏差曲线上,计算打印。

⑥机架装有一牵引钩及手拉柄,可用人力或汽车牵引。

(2)牵引车:一般为小面包车或其他小型牵引汽车。

(3)皮尺或测绳。

图 5-2 连续式平整度仪

3.试验步骤

(1)试验准备。

①在施工过程中质量检测需要时,测试地点根据需要决定。在路面工程质量检查验收或进行路况评定需要时,通常以行车道一侧车轮轨迹带作为连续测定的标准位置。对旧路已形成车辙的路面,取一侧车辙中间位置为测定位置。按规定在测试路段路面上确定测试位置,当以内侧轨迹或外侧轨迹带作为测定位置时,测定位置距车道标线 80~100 cm。

②清扫路面测定位置处的杂物。

③检查仪器,检测箱各部分应完好、连接线牢固,安装记录设备。

(2)结果处理。

①计算。按每 10 cm 间距采集的位移值自动计算 100 m 计算区间的平整度标准差,记录测试长度、曲线振幅大于某一定值的次数、曲线振幅的单向(凸起或凹下)累计值,以 3 m 机架为基准的中点路面偏差曲线图,并打印输出。

在记录曲线上任意设一基准线,每隔一定距离(宜为 1.5 m)读取曲线偏离基准线的偏离位移值。

②每一计算区间的路面平整度以该区间测定结果的标准差表示,按式(5-6)计算。

$$\sigma_i = \sqrt{\frac{\sum (\overline{d} - d_i)^2}{n-1}} \quad (5-6)$$

式中:σ_i——各计算区间的平整度设计值,单位为 mm;

d_i——以 100 m 为一个计算区间,每隔一定距离(自动采集间距为 10 cm,人工采集间距为 1.5 m)采集的路面凹凸偏差位移值,单位为 mm;

n——计算区间用于计算标准差的测试数据个数。

③计算一个评定路段内各区间平整度标准差的平均值、标准差(反映 σ_i 的偏离程度)、变异系数。

④试验应列表报告每一个评定路段内各测定区间的平整度计算值、各评定路段平整度的平均值、标准差、变异系数以及不合格区间数。

注意:牵引平整度仪的速度应均匀,速度宜为 5 km/h~12 km/h。

4.试验要点

①将连续式平整度测定仪置于测试路段路面起点上。

②在牵引轿车的后部,将测定仪的挂钩挂上后,放下测定轮,发动检测器及记录仪,随即发动轿车,沿测试道路纵向行进,横向方位保持稳定,并查看平整度检测仪的数据采集仪表上数据显示、打印、记录的情况。如检测设备中某项仪表出现故障,即停车检测。如果测定路段比较短,也可以使用人力拖拉测试仪器测定路面的平整度,但拖拉检测仪器的时候应尽可能保持均匀速度前进。

路基路面平整度检测记录表见表 5-7。

表 5-7 路基路面平整度试验检测记录表（连续式平整度仪法）

试验室名称：　　　　　　　　记录编号：

工程部位/用途												委托/任务编号				
试验依据												样品编号				
样品描述												样品名称				
试验条件												试验日期				
主要仪器设备及编号																
路面结构类型											检测层次			技术要求/mm		
					实测数据/mm											
测点桩号（幅段）	车道	1	2	3	4	5	6	7	8	9	10	平均值/mm	标准差/mm	变异系数/%	不合格区间数	

试验：　　　　复核：　　　　日期：　　　年　　月　　日

5.3.3 贝克曼梁测定路基路面回弹弯沉

路基设计交工验收指标是测量路基的回弹模量、弯沉，施工质量控制指标是压实度。路基设计指标（回弹模量）与施工控制指标（压实度）在理论上是不统一的，但存在正向关联。路基的回弹模量反映路基承载能力，压实度反映路基填压密实程度。弯沉的主要检测方法及对比见表 5-8。

表 5-8 弯沉的检测方法对比

序号	方法名称	优缺点
1	贝克曼梁 Benkelman Beam 法	操作简单，但轮胎压力和接地面积较难控制，且标准车较难找
2	落锤式弯沉仪（falling weight deflectometer，FWD）法	快速可靠，但成本较高，缺乏可靠统一的控制标准，施工过程质量难以控制，检测时加载条件与路基工作状况不一致
3	落球法及贯入杆法（动力触探）	快速方便，适用于细粒土，不适用于粗粒土和填石路基
4	加州承载比（California bearing ratio，CBR）值	现场极少采用，主要用于选择填土土质类型
5	便携式落锤弯沉仪	携带方便，检测快速，使用成本较低，适用范围广（路基和场地压实，粗粒土和细粒土等）

5.3.3 测试目的

弯沉值不仅反映路面各结构层及土基的整体强度和刚度,而且与路面的使用状态存在一定的内在联系。如果弯沉值过大,其变形也就越大,路面各层也就容易破裂。因此工程竣工前,弯沉值作为一项重要的检测指标,反映了路面的整体强度质量,可以评定路基路面状况和做补强设计之用。

5.3.4 测试设备

贝克曼梁测定路基的方法需要下列仪具与材料。

(1)标准车:双轴,后轴双侧 4 轮的载重车。其标准轴荷载、轮胎尺寸、轮胎间隙及轮胎气压等主要参数应符合相关要求。测试车应采用后轴 10 t 标准轴载 B2-100 的汽车。

(2)路面弯沉仪:由贝克曼弯沉梁、百分表及表架组成。贝克曼弯沉梁前臂(接触路面)与后臂(装百分表)长度比为 2:1。弯沉仪长度有两种:一种长 36 m,前后臂分别为 2.4 m 和 12 m;另一种加长的弯沉仪长 5.4 m,前后臂分别为 36 m 和 18 m。当在半刚性基层沥青路面或水泥混凝土路面上测定时,应采用长度为 54 m 的贝克曼染弯沉仪;对柔性基层或混合式结构沥青路面可采用长度为 3.6 m 的贝克曼梁弯沉仪测定。弯沉采用百分表读取,也可用其他类似记录装置进行测量。

(3)接触式路表温度计:端部为平头,分度不大于 1℃。

(4)其他:皮尺、口哨、白油漆或粉笔、指挥旗等。

表 5-9 测定弯沉用的标准车参数

标准轴载等级	BZZ-100
后轴标准轴载 P(kN)	100±1
一侧双轮荷载(kN)	50±0.5
轮胎充气压力(MPa)	0.7±0.05
单轮传压面当量圆直径(cm)	21.3±0.5
轮隙宽度	应满足能自由插入弯沉仪测头的测试要求

5.3.5 方法与步骤

1.准备工作

(1)查看并测定标准车的车况及刹车性能是否良好,轮胎胎压是否符合规定的充气压力。

(2)向汽车车槽中装载铁块或集料,用地称量出后轴总质量及单侧轮荷载并均应符合要求的轴重规则,汽车行进及测定过程中轴重不得改变。

(3)测定轮胎接地面积:平整光滑的硬质路面上用千斤顶将汽车后轴顶起,在轮胎下方铺一张新的复写纸和一张方格纸,轻轻落下千斤顶,即在方格纸上印上轮胎印痕,用求积仪或数方格的方法测算轮胎接地面积,精确至 0.1 cm²。

(4)查看弯沉仪百分表量测灵敏状况。

(5)当在沥青路面上测定时,用路表温度计测定试验时气温及路表温度(一天中气温不断改变,应随时测定),并通过气象台了解前 5 d 的平均气温(日最高气温与最低气温的平均值)。

(6)记录路面建筑或改建资料、结构、厚度、施工及维护等状况。

2. 测试步骤

(1)在检测路段安置测点,其距离随检测需要而定。测点应在路面行车车道的轨迹带上,并用白油漆或粉笔作上标记。

(2)将试验车后轮轮隙对准测点后约 3~5 cm 处的方位上。

(3)将弯沉仪插入轿车后轮之间的缝隙处,与轿车方向一致,梁臂不得碰到轮胎,弯沉仪测头置于测点上(轮隙中心前方 35 cm 处),并安装百分表于弯沉仪的测定杆上,百分表调零,用手指轻轻叩打弯沉仪,检查百分表应稳定回零。弯沉仪可以是单侧测定,也可以是双侧一起测定。

(4)测定者吹哨发令指挥轿车慢慢行进,百分表随路面变形的添加而持续向前滚动。当表针滚动到最大值时,敏捷读取初读数 L_1。轿车仍在继续行进,表针反向反转,待轿车驶出弯沉影响半径(约 3 m 以上)后,吹口哨或挥动指挥红旗,轿车停止。待表针反转稳定后,再次读取终读数 L_2。轿车行进的速度宜为 5 km/h 左右。

5.3.6 测试记录

路基路面弯沉检测记录表见表 5-10。

表 5-10 路基路面弯沉检测记录表(贝克曼梁法)

基本信息	工程项目名称:						
	测试部位或里程桩号:			测试依据:			
	检测环境:			检测日期:			
	主要设备名称及编号:						
测量桩号	左轮弯沉(0.01 mm)			右轮弯沉(0.01 mm)			备注
	初读数	终读数	弯沉值	初读数	终读数	弯沉值	
备注:							

校核:　　　　　　　　检测:　　　　　　　　审核:

5.4 路面抗滑性能检测(摆式仪法)

5.4.1 路面抗滑性能检测概述

一般路面性能的表面特性是抗滑性,用轮胎与路面间的磨阻系数来表示路面的抗滑性能。影响抗滑性能的因素有路面表面的特性、路面潮湿的程度和行车的速度等。用摆式仪测定道路路面抗滑性能,通过道路路面抗滑试验数据可以反映出车辆轮胎在该条道路受到制动时沿道路表面滑移所产生的力。

5.4.2 检测目的

摆式仪测量水泥混凝土道路抗滑性能,通过测量路面的抗滑值,评定路面在潮湿状态下对摆的摩阻力的一个指标。用摆式仪在测路面抗滑具有结构简单、操作方便、对测得试验数据稳定等优点,其值也表明路面和路面材料在潮湿状态的抗滑性能。

5.4.3 检测所需仪器和材料

(1)摆式仪:摆式仪的质量为 1500 g±30 g,摆动中心距离橡胶片的顶部的距离为 410±5 mm。

(2)喷水壶:主要用来为干燥的道路路面喷水,以保证道路路面保持一定的潮湿状态。

(3)硬毛刷:在测设道路路面抗滑性能试验之前,应将测点位置路面表面的杂物(例如细颗粒石子、粉土或其他杂物等)清理干净,以免其影响实验结果。

(4)橡胶片:橡胶片的标准尺寸为 6.35 mm×25.4 mm×76.2 mm。橡胶片的有效使用年限为一年,超过一年或橡胶片表面有油污污染过的应及时更换,更换过的新橡胶片应在干燥的地面上进行 10 次抗滑性能的试验后,再用于后续正式的潮湿状态下道路路面抗滑性能试验。

(5)温度计:用于计量试验测设时的路面温度,为后续温度修正提供依据。

(6)标准尺:其长度为 126 mm。

(7)其他工具:30 米或 50 米皮尺用来确定测点的位置及测点距道路中线的距离。粉笔用来标记测点的位置。

5.4.4 检测准备工作

(1)检查摆式仪能否工作,检查事项包括:摆式仪调平螺母是否能够转动,如果不能正常调节需及时进行更换;检查水准泡是否在调节平衡螺母的时候能够正常的移动;试验前检查摆式仪在调零的时候是否灵敏,并在试验测设过程中要检查是否在调零状态。

(2)在测设时应将摆式仪摆在测设道路横断面测点的行车轨迹带上,并且摆式仪距离路面边缘的距离不小于 1 m,并用粉笔作记号,在测设道路路面抗滑试验道路两侧的测点在横断面应对称。

5.4.4 检测方法与步骤

(1)用皮尺从路边缘量取 1 米的位置,并用粉笔作好记号。

(2)用扫把将所测道路路面清扫干净,保证所测路面表面整洁没有杂物等。

(3)仪器调平:首先将以仪器摆放在距离路边缘 0.8~1 m 的位置,且仪器在行车轨迹带上,并使摆式仪摆动的方向与道路行车的方向一致;然后转动摆式仪底部平衡调节螺母,使气泡居中,即摆式仪调节平衡。

(4)摆式仪调零:首先松开紧固把手,调节升降把手将摆式仪提高至使摆式仪能够自由摆动,然后紧固把手。将摆向上提至水平释放把手上,同时将指针同样提升至与摆同样的水平位置,按下释放把手后,指针会随摆一起向下摆动,当摆运动到最低端时用手抓住摆,看指针的位置是否在表盘刻度零的位置,如果指针不指向刻度盘零的位置,可以适当调节螺母,然后重复上述方式直至指针与摆同时向下摆动时,当摆到底部时指针指向零的位置。调零的允许误差为 ±1 BPN。摆式仪测试的摆值是以 BPN 为单位。

5.4.6 摆式仪校核滑动长度

(1)打开紧握把手,让摆最底部的橡胶片与地面自然接触,将标尺放在靠近橡胶片的位置。

(2)调整升降把手,使摆式仪下端橡胶片摆动与标准量尺相同,即说明橡胶片与道路路面接触点的滑动距离为 126 mm,同时当摆式仪摆到底部时应与竖向立杆处于平行状态。

(3)将摆提升到水平横梁上固定,同时将摆针提升至与摆平行的位置。用硬毛刷将摆式仪测点位置的杂质清理干净,用喷壶在测点位置喷洒,并用橡胶刮板将硬毛刷没有清理干净的泥浆刮除干净。

(4)测设前应使测设点路面保持湿润状态,按下释放把手让摆自由下落,当摆下落到最底部前,用手抓住摆,第一次测试结果不作为测试结果。

(5)每个测点测定 5 次,分别读取每次测设的摆值,在一个测点测设的 5 次数据中最大值与最小值的差值不得大于 3,如果差值有大于 3 的应该查明原因,并重新测设。将同一测点的 5 个测值取平均值作为该测点的抗滑值。

(6)测点路面喷洒水后成潮湿状态时,用温度计测设此时的温度并作记录,记录的温度值精确至 1℃。

(7)测点选择时应在道路轨迹带上,相邻测点的位置相隔 3~5 m,每个测点要测设 5 个摆值。同一测区测定次数不少于 3 次,每个测区取在该区 3 次测定的平均值的和再除以 3 作为该测区测点摆值。

(8)每次测设时,量取摆式仪距所测道路路面中线的距离,并作记录。

5.4.7 数据处理

在摆式仪测道路抗滑试验时,测设一个路面潮湿状态下摆值的温度 F_{BT},试验室测设的温度必须要换算成标准温度 20℃时的摆值的温度F_{B20}。

抗滑温度修正公式为

$$F_{B20} = F_{BT} + \Delta F$$

式中：F_{B20}——试验时测设温度换算成标准温度 20℃的摆值；

F_{BT}——测设路面潮湿状态下的温度测得的摆值；

ΔF——表示的是温度修正值，如表 5-11 所示。

表 5-11 温度修正值

温度 $T/℃$	0	5	10	15	20	25	30	35	40
温度修正值 ΔF	－6	－4	－3	－1	0	＋2	＋3	＋5	＋7

5.4.8 检测报告

(1)检测报告中应包括:检测所测道路名称、所测道路结构层类型、测设时道路路面潮湿状态下的温度、检测人员、仪器型号、天气情况、测试日期。

(2)通过测设完成的数据进行对测设道路的抗滑值的计算。一般需要计算同一测区抗滑摆值的平均值和变异系数。

(3)变异系数的计算公式为

$$C_v = \frac{S}{\overline{X}} \qquad S = \sqrt{\frac{\sum (X_i - \overline{X})^2}{N-1}} \tag{5-7}$$

式中：X_i——摆式仪在所测区域各测点的测定值；

N——在摆式仪试验中为一个选定评定路段内的测点数；

$\overline{X}$——在选定道路中各个测点测定值的平均数；

S——标准偏差；

C_v——变异系数。

5.4.9 注意事项

(1)在摆式仪测定道路路面抗滑试验时，应按《公路工程集料试验规程》(JTG E42—2019)附录中的方法对摆式仪仪器进行标定，检查仪器的各项是否能满足规范要求，否则所测数据缺乏可靠性。

(2)在摆式仪试验前，对摆式仪标定滑动长度 126 mm，这一步骤对整个试验的结果的测定至关重要，并且要用有标准的标定尺对这一步骤进行标定。

(3)对同一测点进行连续五次抗滑测试，五次试验数据中最大值与最小值的差值不应大于3；如果有因分析造成的误差应重新测定；在摆式仪路面抗滑试验中应检查摆式仪平衡气泡是否居中。

(4)摆式仪测试道路路面抗滑试验时,测设的路面温度是摆式仪测设前喷洒水后,路面潮湿状态时的温度。

(5)摆式仪在选定道路测设路面抗滑试验时,摆式仪的摆放位置应在道路路面轨迹带上,并且摆式仪距离路边缘的距离不小于1 m。

摆式仪检测记录表见表5-12。

表5-12 摆式仪检测记录

工程名称:　　　　　　　　天气:　　　　　　　　检测日期:
面层类型:　　　　　　　　起讫桩号:　　　　　　至
检测人员:　　　　　　　　仪器型号:

测试路段桩号	各点实测摆值 F_{BT}/BPN						平均抗滑值 F_{BT}/BPN	路表潮湿状态下温度 T/℃	温度修正值 ΔF	换算抗滑值 F_{B20}/BPN
	1	2	3	4	5	测点平均值				
平均摆值				标准差 S				变异系数 C_v		
实测点数		合格点数		合格率/%				规定值/BPN		

本章小结

本章以公路工程现行技术规范、标准、试验规程为主要依据,较详细地介绍了常用路基路面试验检测的基本理论和方法,以及路基路面几何尺寸检测、路面平整度检测、路面抗滑性能检测等常用的公路现场检测试验,并附有相关检测结果的记录表,可供参考。

思考及练习题

一、单选题

1. 采用挖坑或钻芯法测定路面厚度时,厚度测量结果准确至(　　)。
   A.1 mm　　　　　B.5 mm　　　　　C.10 mm　　　　　D.20 mm

2. 在进行某路基压实度检测时,测得测试点的湿密度为 2.25 g/cm³,试样的含水率为5.3%,则该测试点的压实度为(　　)。已知试样击实试验得到的最大干密度也为 2.26 g/cm³。
   A.100%　　　　　B.95.9%　　　　　C.95.0%　　　　　D.94.5%

3. 平整度测试设备有两类,其中(　　)为断面类测试设备。
   A.3米直尺、连续平整度仪　　　　　B.3米直尺、颠簸累积仪
   C.连续平整度仪、颠簸累积仪　　　　D.3米直尺、连续平整度仪、颠簸累积仪

4. 摆式仪测定路面抗滑性能时,每个测点需要摆(　　)次。
   A.5 次　　　　　B.3 次　　　　　C.1 次　　　　　D.6 次

5. 贝克曼梁测定回弹弯沉,百分表初读数为88,终读数为58。不考虑各种修正时,回弹弯沉值为(　　)。
   A.30(0.01 mm)　B.30(mm)　　　　C.60(0.01 mm)　D.60(mm)

6. 连续式平整度仪检测路面平整度时的行进速度,下列(　　)符合标准。
   A.3 km/h　　　　B. 20 km/h　　　C.5 m/s　　　　　D. 7 km/h

7. 下列有关承载能力和强度的说法中,正确的是(　　)。
   A.回弹弯沉值越大,表示承载能力越小　　B.回弹模量越大,表示承载能力越小
   C.CBR 值越大,表示强度越小　　　　　　D.压碎值越大,表示强度越大

8. 土方路基压实度检验方法不包括(　　)。
   A.灌砂法　　　　B.核子密度仪法　C.环刀法　　　　D.声波透射法

9. 路基压实测试如果采用重型击实的方法,每层应该击(　　)下。
   A.25　　　　　　B.27　　　　　　C.30　　　　　　D.20

10. 依据标准,摆式仪测试路面抗滑性能时,每个测点应该测(　　)摆值。
    A.3 次　　　　　B.5 次　　　　　C.6 次　　　　　D.8 次

二、计算题

采用灌砂法测定某基层压实度前,测得装入灌砂筒内量砂的总质量为5880 g,灌砂筒下部圆锥体内量砂的质量为 635 g,将砂灌入标定罐后,筒内剩余量砂的质量为1500 g,标定罐的体积为 2610 cm³,试计筒量砂的松方密度为多少?

第6章 道路日常养护

教学目标：

了解常见的路基路面病害产生原因及常见的养护方法；

了解桥涵养护的常见方法。

路基路面是公路最重要的组成部分，是公路养护的重点内容和部位，由于病害的经常发生，直接影响公路的使用功能。公路路基路面病害的处置约占养护费用的80%以上，而且往往养护效果甚微。

随着道路铺筑年限的不断增长，各种道路每天在大量的人流量和车流量的使用过程中，道路路面出现不同程度的损毁，不仅会给交通环境带来不美观，同时还会给行人和行驶车辆的行驶舒适度带来不适。很多道路路面在一年四季的雨雪冲刷和车辆的摩擦过程中，道路路面出现破损的现象，虽然水泥混凝土路面具有扩散应力强和路面结构稳定性好等特点，但其在使用过程中也会存在很多的不足之处，水泥混凝土路面在日常的使用中会有较多病害的出现。这些病害会降低道路路面的使用能力，还会不断降低道路的承载能力。在道路病害处，随着雨水的不断侵蚀道路路面及路面的基础会不断受到侵害，从而降低道路的使用功能。在道路病害处，如果不及时进行修补处理，随着荷载的不断作用，路面的承载能力将不断下降，从而使整块道路路面结构受到损坏。

6.1 路基路面病害概述

6.1.1 路基路面病害处置的相关问题

1. 路基路面处置的基本原则

（1）准确分析病害产生原因（见图6-1），明确主次，对症下药。

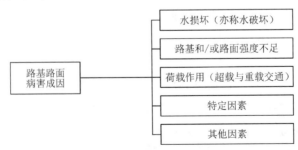

图6-1 路基路面病害成因

(2)基于病害成因的处治方案的确定。路基路面的病害处置,必须从病害成因入手,遵循有的放矢的针对性原则。路基路面病害处置是一个系列工程,往往具有综合治理的特点。在分析路面病害成因、制订处置方案时,要考虑有无路基因素,要考虑路面各层次的影响。例如,对于水损坏引起的病害,往往具有综合性病害的特点,必须采取彻底的防治措施。

(3)确定病害处治方案,统筹安排病害处治的资源配置。

2.公路路基的基本要求

(1)具有足够的整体稳定性。

(2)具有足够的强度。

(3)具有足够的水温稳定性。

公路路基不满足上述任何一种要求,就可能产生路基病害。

3.公路路面的基本要求

(1)具有足够的强度和刚度。

(2)具有足够的稳定性。

(3)具有耐久性。

(4)具有平整度和抗滑要求。

路面不满足前述两项基本要求,则可能产生病害。对路面平整和抗滑性能,应采取相应措施加以改善和提高,以提供安全、通畅、舒适的行车条件。

6.1.2 路面常见病害

1.断裂类病害

(1)坑洞:指在道路路面出现大小不同的坑洞,是位于混凝土道路表面,形状较小、深度较浅的坑洞。

(2)粗骨料裸露:指在混凝土道路表面细骨料流失,粗骨料裸露在道路的表面。

(3)蜂窝、麻面:指在浇筑完成的混凝土道路路面上存在较多的小凹槽和蜂窝状的孔穴,导致道路路面不平整。

2.水泥混凝土道路路面竖向位移类病害

水泥混凝土道路路面竖向位移类病害包括:道路路面出现沉陷、道路路面的平整度出现较大差值、道路路面的连续性出现间断。

3.水泥混凝土道路路面接缝处病害

(1)接缝处错台:指水泥混凝土道路路面接缝处的面板出现相对竖向位移,导致两面板之间存在相对高度的差值,不在同一高度。

(2)接缝处填料破坏:在水泥混凝土路面的纵向道路两幅接缝处和道路横向接缝处出现不同程度的破损。

(3)唧泥:道路路面接缝处在雨水或在积水的不断侵蚀作用下,在外力荷载的冲击下,道路路面接缝处的路基材料会被在外力作用下被挤出来,在接缝处出现唧泥的现象。

4.水泥混凝土道路路面断裂类病害

(1)路面横向裂缝:指在水泥混凝土道路路面存在垂直于道路纵向的裂缝,有的裂缝贯穿整条道路路宽的长度。

(2)路面纵向裂缝:指存在于沿道路路面的纵向的裂缝,这种裂缝一般会随着道路的方向进行伸长。

(3)交叉裂缝:指在道路的表面既有横向的裂缝也有纵向的裂缝,两者相互交叉,裂缝呈现不规则的延展方式。

6.1.3 路基常见病害

1.路基翻浆

季节性冰冻地区,春融时路基或路面基层含水率过大,强度急剧降低,在行车作用下造成路基湿软弹簧、路面破裂、冒出泥浆等现象。路基土质不良、公路经过湿地或路基坡脚存有积水的路段容易出现翻浆病害,盐渍土和沼泽地是翻浆病害的重灾区。

(1)路基翻浆的过程。

路基翻浆的过程大致为:秋季(聚水)—冬季(冻结)—春融(含水量增加)—强度降低、因行车荷载翻浆。非春融的雨季,如果路面密水性差,导致降水浸入路基,造成路基或路面基层含水率过大,也可能造成翻浆。翻浆时沉降与隆起并存,路基路面倒置,结构混淆。

(2)路基翻浆的成因分析。

水损坏(水破坏)是翻浆的根本成因。根据导致翻浆的水类来源的不同,可将翻浆分为五类,即地下水类、地面水类、土体水类、气体水类和混合水类。

2.路基沉陷

路基沉陷是指路基在垂直方向产生较大的沉落。其大多是由于路堤填料选择不当,填筑方法不合理,压实度不足,在荷载和水、温度综合作用下而造成的。

(1)路基填料选择不当。

(2)填筑方法不合理。

(3)路基压实不足,填挖交界处理失当。

(4)在荷载和水、温度综合作用下而堤身沉陷。

(5)原地面为较弱土,填筑前未经换土或压实不足而产生了地基下沉。

(6)其他原因基底未被发现的墓穴、窑洞等致工后沉陷。

3.路基滑坡

滑坡是高陡斜坡上岩体或土体在自然或人为因素的影响下沿带或面滑动的现象。滑坡是路基上边坡或路基局部自上而下的滑移,具有明显的滑动界面。滑坡是滑动界面抗剪应力小于滑动应力而引起滑动体产生位移。

对路基滑坡的成因分析可知：底层岩性是滑坡产生的重要地质基础；地质构造是产生滑坡的另一物质基础；不合理开挖是滑坡的重要诱因；水是滑坡产生的另一重要诱因和催化剂。

4.挡土墙损坏

挡土墙损坏是指挡土墙上倾、鼓肚、裂缝以及浸水挡土基底部被掏空等病害。

挡土墙的病害成因分析如下：

(1)水的浸入使挡土墙墙背填料湿软、凝聚力下降，增大了对挡土墙的主动土压力致其产生病害。这类病害多发生于细粒土填料的下挡土墙和支挡上边坡坡积层类破碎土体的上挡土墙。

(2)设计断面尺寸不足，不能抗拒墙背主动土压力。这类病害的发生的原因，或因设计计算主动土压力考虑欠周全而断面不足，或因施工过程中人为地扩大了填方断面，增加了主动土压力。

(3)浸水挡土墙基底埋深不足，即由于洪水冲刷致挡基底部被掏空或局部悬空。

5.涎流冰

涎流冰是由挖方路段上边坡裂隙水(空隙水)冰冻而成的。这些裂隙水(空隙水)在天气暖和时以液体流出，而在冬季时则因渗水流速小，在流动过程中冰冻而成为涎流冰。涎流冰是北方寒冷地区公路路基的一种主要病害(见图 6-2)，轻者堵塞水沟与覆盖部分路基路面，重者可漫延整个路幅，长可达数十米乃至百余米，危及行车安全。

图 6-2 涎流冰

6.2 道路病害案例

6.2.1 案例 1

如图 6-3 所示为某道路纵向路面情况。该道路全长 163 m，从图中可以看出，该道路的路面已经出现不同程度的表面破损，并有明显的修补。这条道路有的部分路面虽然没有出现破损，但是已经出现板底脱空的现象，用铁棒轻轻敲打路面会明显听出板底虚空的声音。

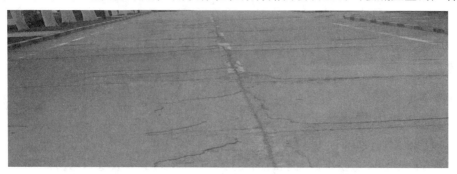

图 6-3　某道路纵向路面病害(1)

如图 6-4 所示为某道路路面的细部破损，水泥混凝土路面出现了裸露骨料。从左图可以看出道路路面表面部分破损，道路结构骨料部分裸露，而从右图可以看到道路结构明显的粗骨料完全裸露在道路的表面。该道路还存在一定的坡度。从图 6-4 中还可以看出道路路面在表皮脱落的地方已经造成了道路表面横向裂缝的产生，破损的地方在雨水和荷载的不断作用下造成了路基的破坏，严重影响了道路的使用功能。道路路面细骨料的不断流失使粗骨料裸露，影响了行人和车辆使用的舒适度。

图 6-4　某道路路面细部病害

6.2.2　案例 2

如图 6-5 所示，该道路整体存在一点的坡度，道路中间有一段重新铺设的道路路面，并存在严重的蜂窝麻面现象。该病害是由于在浇筑混凝土的骨料中加入了泥质或混凝土浇筑施工工艺的原因,使浇筑完成的混凝土路面产生了坑洞的现象。

图 6-5　某道路纵向路面病害(2)

如图 6-6 所示为某道路的细部路面,从中可以看到该道路路面严重的蜂窝现象。道路路面出现这种情况不仅影响道路的美观,同时还影响行人的舒适度。通过摆式仪和手工铺砂试验,该段道路的试验数值较小,道路路面构造深度试验数值也较小,这表明该段道路路面较粗糙。

图 6-6　某道路路面蜂窝病害

如图 6-7 所示为某道路的十字路口处,该处道路的路面破损严重,粗骨料完全裸露在道路表面,细骨料完全流失,严重影响车辆的行驶。在下雨天气或在道路日常养护洒水过程中,骨料裸露的病害处会有积水产生。由于病害处的粗骨料裸露的形状和位置不均匀,也会造成路面的不平整,给车辆的行驶带来不便。

图 6-7 某道路路面骨料裸露病害

6.2.3 案例 3

如图 6-8 所示,某道路全长 200 m,路宽为 6 m,该道路存在一定的坡度,由东向西方向呈下坡趋势。由于地势原因,道路路面不断受雨水的冲刷,该道路的表面存在不同程度的细骨料流失现象,并且该道路在纵向两板块连接处有明显的错台现象。

图 6-8 某道路纵向路面病害(3)

如图 6-9 所示为该条道路的路面病害。从图中可以看出该条道路的路面纵向出现了较长的纵向裂缝,裂缝长度为 2 m,宽度为 0.3 m,深度为 1 cm,并不断沿道路纵向向前延伸。道路路面出现纵向裂纹不仅影响道路的美观,同时还影响使用舒适度,长时间的不断延展还会影响道路的使用安全。

水泥混凝土路面裂缝的形式有两种:一种是表面裂缝,另一种是贯穿裂缝。该条道路的路面产生的裂缝形式为第二种贯穿裂缝。纵向贯穿裂缝的表现形式是裂缝平行于水泥混凝土路面道路纵轴线方向的贯穿板厚的裂缝。

图 6-9　某道路路面纵向裂缝病害

6.2.4　案例 4

如图 6-10 所示，该道路全长共 160 m，路宽为 6 m，双向车道。该道路相对较为平坦，但存在一定的坡度，道路中间位置的高程较高，两端的高程较低。该道路路面破坏的程度较低，通过对道路其他各项试验的结果显示，摆式仪抗滑性能满足规范要求，但手工铺砂构造深度试验合格标准较低，这表明该道路的抗滑性能较差。

该道路路面的病害从图 6-10 中可以看出，其板面已出现了裂纹，该处道路左右幅存在错台现象，两幅之间的错台高度为 2 cm。该处道路右幅板有凹陷病害。

图 6-10　某道路路面错台病害

如图 6-11 所示为某道路路面，已产生垂直于道路纵向的贯通横向裂缝，该裂缝长度与道路的横向宽度相同，裂缝深度为 1 cm，裂缝宽度为 0.3 mm。通过图 6-11 可以看出，该条横向裂缝延伸方向已发生了改变，这表明该道路路面下基础的承载能力已不相同，该裂缝已经使道路路面的板块断裂，不再是一个整体。道路路面出现交叉裂缝病害，表明该道路的路基已经受到破坏，如果不及时将病害进行有效的整治，裂缝会随着荷载的作用不断积累，进一步延伸，同时对道路路基造成一定影响。

图 6-11　路面交叉裂缝病害

6.2.5　案例 5

某道路全长共 116 m，路宽为 4 m。该道路人流量较大，由东向方向道路路面呈下坡的趋势，路面的横向缩缝较为密集而且切缝的宽度较大，深度较深。该路面的摆式仪试验数据，共测设了 6 组，6 组数据都满足抗滑规范的标准值。这表明道路的抗滑性能较好。通过手工铺砂试验，该道路共测设 6 组数据，5 组数据达到道路质量手工铺砂规范要求，表明该条道路的抗滑性能较好。

如图 6-12 所示为某道路路面产生的坑洞，通过测量可知左侧坑洞较小，长度为 30 cm，宽度为 10 cm，深度为 1 cm。右侧产生坑洞范围较大，坑洞长度为 65 cm，宽度为 30 cm，深度为 5 mm。

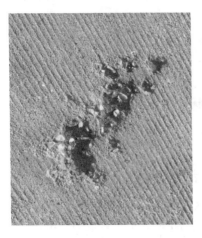 

图 6-12　坑洞病害

6.3 常见路面病害的整治与养护

6.3.1 路面养护概述

路面养护是公路养护工作的中心环节,是养护质量考核的首要对象。

路面养护的目的是:使路面保持具有一定的强度、刚度及稳定性,使路面结构具有足够的抗疲劳强度以及抗老化形变累积的能力,确保其耐久性,并使路面平整、完好,路拱适度,排水畅通,行车顺适、安全;提高其技术状况。

路面养护的要求为:处治病害;提高平整度和抗滑能力;确保路面的耐久性;防止环境污染。

路面养护质量标准可以参考《公路工程质量检验评定标准》(JTG F80/1—2017)、《公路沥青路面养护技术规范》(JTG 5142—2019)、《公路桥涵养护规范》(JTGH11—2015)、《公路水泥混凝土路面养护技术规范》(JTJ 0731—2001)等规范。

路面现有使用质量评价的内容包括:路面破损状况、路面强度、行驶质量指数、路面抗滑性能、路面的综合评价

6.3.2 沥青类路面的养护

沥青类路面常见病害主要包括以下几种:裂缝;拥包;沉陷;车辙;波浪与搓板;坑槽;麻面与松散;泛油;脱皮;啃边;磨光。

沥青类路面初期养护主要包括:热拌沥青混合料路面的初期养护、沥青贯入式路面的初期养护、乳化沥青路面的初期养护。

6.3.3 水泥混凝土路面的维修

1.路面状况评定

(1)路面破损状况评定。

主要使用路面状况指数和断板率两项指标评定路面破损状况。

(2)路面表面抗滑能力采用侧向力系数或抗滑值以及构造深度两项指标评定。

2.维修养护

(1)高速公路及一级公路的路面破损状况等级为优和良,或者二级及二级以下公路的路面破损状况等级为中及中以上时,可采用日常养护和局部或个别板块修补措施。

(2)高速公路及一级公路的路面破损状况等级为中及中以下,或者二级及二级以下公路的路面破损状况等级为次及次以下时,应采取全路段修复或改善措施,具体包括沥青混合料修补、板块破碎和碾压稳定、铺筑沥青混凝土或水泥混凝土加辅层以及修建纵向边缘排水设施等。

(3)高速公路及一级公路的路面行驶质量等级为中及中以下,或者二级及二级以下公路的行驶质量等级为次及次以下时,应采取刻槽、罩面或加铺层等措施改善路面的平整度。

(4)高速公路及一级公路的路面抗滑能力等级为中及中以下,或者二级及二级以下公路的抗滑能力等级为次及次以下时,应采取刻槽、罩面等措施提高路表面的抗滑能力。

(5)路面结构承载能力不满足现有交通的要求时,应采取铺筑沥青混凝土或水泥混凝土加铺层措施提高其承载能力。

6.3.4 水泥混凝土路面常见病害的整治

1.横向裂缝

(1)在浇筑道路路面时,其混凝土的水泥应为严格按设计强度标号的水泥,不得降低水泥的强度,对水泥的质量再搅拌之前应进行严格检查,对存放时间超过3个月的水泥应重新标定水泥的强度之后看是否满足设计要求,不满足设计强度要求的禁止使用.

(2)在浇筑混凝土路面之前,应将道路路基的压实度碾压到设计强度,在道路路基碾压时应对碾压的机械的选择、路基压实的边数、每层的虚铺厚度进行试验段的测试,以便得出合理的压实度。

(3)混凝土路面在浇筑完成后,路面不及时切缝也会导致道路路面裂缝的产生,所以应对浇筑完成的混凝土路面的切缝时间应做好把握。一般混凝土的切缝时间宜在混凝土路面拆模后12 h左右进行,切缝的时间也不宜过早.

2. 纵向裂缝

(1)在浇筑混凝土时应严格控制坍落度,在浇筑时检测坍落度是否符合设计要求,如果不符合应及时调整。

(2)在浇筑完成的混凝土道路路面及时洒水养护,并做好覆盖以防止浇筑的混凝土水分蒸发.如果没有在浇筑完成的道路路面进行洒水养护,道路表面的水分会很快地被蒸发,造成道路路面产生收缩裂缝.如果浇筑的混凝土道路路面在夏季进行施工,就要采用铺筑一段养护一段的方法。

(3)砂率是指砂与砂和石之和的比值。在拌和的混凝土中砂率较小会造成浇筑的混凝土产生泌水,导致混凝土的塑性收缩变大,从而使道路路面产生纵向裂缝。

(4)提高混凝土的极限拉伸应变值的大小在搅拌混凝土时应严格控制混凝土的水灰比和水泥用量,以提高混凝土的强度。

3.混凝土路面板角断裂

(1)在浇筑道路路面角部混凝土板时,在板角处布置角隅钢筋加强道路角部的强度,角隅钢筋的布置形式,选用钢筋直径为12~16 mm的钢筋两根,布置在道路路面的顶部,其布置的钢筋距道路顶面的距离大于等于50 mm,距离道路边缘的距离为100 mm。

(2)由于浇筑的混凝土路板的角部配有角隅钢筋,在进行角部混凝土振捣时不容易将此处的混凝土振捣密实,这部分的混凝土强度达不到设计要求。所以在进行角部混凝土振捣时应加强该部位的振捣。

(3)在浇筑的混凝土路面时需要设置较多的伸缩裂缝,由于道路日常养护不及时,在道路出现错台和路面唧泥的时候,并没有进行养护处理,导致板底脱空的病害较为严重。所以,要加强对道路的日常养护。

(4)道路路面在日常的使用过程中,在道路路面设置的伸缩裂缝内部会落入杂物并不断堆积在裂缝内,在日常道路路面的养护过程中,将裂缝中的杂物尽量清理出来。

4. 水泥混凝土路面错台

(1)在进行地基碾压时,应选择合理的碾压机械(机械吨数)、地基碾压的遍数。地基碾压时应使碾压机械轨迹重合,路基碾压不到的地方应选用小型夯机进行夯实,提高地基的压实度。

(2)在填土地基的碾压时,选择填土的材料不相同,不同的填土材料对应的压实方式和压实机械也不相同。

(3)加强道路路面的排水能力,从而减弱地基的泵吸现象,减少沉降。

(4)在道路路面横向缩缝埋设传力杆,防止混凝土在接缝处产生错台现象。在混凝土路面浇筑时,应注意浇筑的混凝不能将传力杆进行包裹。

5. 水泥混凝土路面麻面

(1)合理控制混凝土的搅拌时间,使骨料之间搅拌均匀。

(2)在道路路面的混凝土浇筑时,混凝土的一次浇筑厚度不宜过大,混凝土的浇筑一般为200~500 mm。当混凝土的浇筑位置距离地面的位置较高时,应采用滑膜浇筑,不应直接垂直将混凝土倾倒在要浇筑的道路路面上。

(3)浇筑完成混凝土的振捣要求,在进行振捣时振动棒要快速插进,拔出混凝土液面时的速度要慢,也就是快插慢拔。

(4)在浇筑混凝土之前没有将模板进行湿润,将模板进行湿润是防止模板吸收刚浇筑的混凝土内的水分,在支护模板时,应保证模板的牢固和一定的刚度,不能使浇筑混凝土时产生漏浆或模板断裂、变形的现象产生。

(5)在浇筑完成的道路路面应在达到混凝土初凝之前进行振捣,在浇筑混凝土时的浇筑量不要太大,根据施工的进度合理搅拌用量,浇筑完成的路面应尽快进行振捣密实。

6. 混凝土路面粗骨料裸露

(1)在搅拌混凝土时应严格按照设计的配合比进行搅拌。

(2)选用的水泥强度等级必须符合设计强度的要求,不能选用过期的水泥或水泥受潮等,如果水泥的存放时间已经超过3个月,应通过试验重新标定其强度。严格控制选用骨料的含泥量,含泥量较高的应该进行清理。

(3)混凝土路面达到设计强度的40%时,可以让行人通行;在混凝土路面达到结构设计强度的 80%～90% 时,可以完全开放交通。所以混凝土路面在没有达到养护强度时是不可以提前开放交通的,在路面进行养护期间是不能开放车辆通行。

(4)良好级配是指在选用的骨料中,不同粒径之间的骨料相互填充。混凝土初凝的养护对路面强度的提高至关重要。

7.水泥混凝土路面蜂窝

(1)严格控制混凝土的振捣时间,在混凝土振捣过程中不要出现漏振、过振的现象。

(2)拌制混凝土混合料时一定要严格按配比进行量料。配制每盘料时都需要将需要的用水量、砂石质量以及外加剂的量按配合比进行量取。控制好水灰比,否则会造成搅拌时水泥浆不能完全包裹骨料。

(3)禁止浇筑混凝土时直接将混凝土从高处直接倾倒铺筑,这样会造成浇筑的混凝土产生离析的现象,这样就会造成浇筑的混凝土骨料下沉,道路路面形成一层水泥浆,这样硬化后的路面强度会降低,路面的承载能力不足以抵抗路面的行驶的动荷载,造成路面的蜂窝病害。

8.水泥混凝土交叉裂缝

(1)在进行混凝土的材料选择和混凝土配比,要严格按照设计要求进行。对于强度等级以及已经过期、结块等水泥禁止使用。在道路施工时严格测量浇筑路面的厚度,保证浇筑道路路面的厚度均匀一致。

(2)对基层水稳定不好的路基,在路基施工时应铺设一层 100 mm 厚的垫层,保证地基的水稳定性,以及基层不受水的侵蚀。对于道路的填土路基,要控制不同土的分层压实,不同类型的土其压实度是不相同的。

(3)对刚浇筑完成的道路路面应进行及时的洒水养护或覆盖保水养护。浇筑完成的道路,一方面需要材料的水化反应消耗混凝土内部的水分,另一方面由于大气的蒸发,减少一部分水分。这样就会由于没有及时进行道路路面的洒水养护造成浇筑路面表面快速凝结硬化,产生伸缩裂缝。无论是水泥混凝土还是沥青混凝土路面,在通车使用一段时间之后,都会陆续出现各种损坏、变形及其他缺陷,这些我们统称为路面病害。早期常见的病害有裂缝、坑槽、车辙、松散、沉陷、表面破损等。

针对不同的路面病害,在修补时操作方法可能会有一些差异,但从整体来看,水泥路面病害的修补主要包括标识、清理、修补和养护四个步骤。具体采用的防治方法参见表 6-1。

表 6-1 路面病害的防治方法

序号	项目	可采用的方法
1	裂缝	1.灌封处理选用热融沥青、沥青砂、沥青石屑; 2.乳化沥青稀浆封层、加辅沥青混合料上封层、改性沥青薄层罩面、单层沥青表处
2	拥包	根除或根除后重铺沥青路面结构

续表

序号	项目	可采用的方法
3	沉陷	1.添补并压实整平； 2.挖补法
4	车辙	1.铲除后重铺面层结构； 2.找平、压实
5	波浪与错台	1.用沥青混合料找平； 2.铲除后重铺面层结构
6	坑槽	1.挖补法； 2.热补法修补
7	麻面与松散	1.沥青表处； 2.挖除重铺
8	泛油	1.细微泛油可以撒布细矿料； 2.泛油较重可以撒布粗矿料、细矿料； 3.泛油较严重时铲除候重铺面层
9	脱皮	1.做上封层； 2.铲除重做沥青层
10	啃边	1.添补法； 2.设置路缘石； 3.改为硬路肩
11	磨光	1.直接修复； 2.加铺抗滑层； 3.罩面处理

6.3.5 碎砾石路面及其他粒料路面的养护

粒料路面是用碎石、砾石、砂砾、碎砖、礓石、矿渣等粗粒料为主要材料，以黏土或灰土为结合料铺筑的路面。

粒料路面的保养措施及注意事项如下：

(1)加强雨季不利季节的日常保养工作。

(2)松散保护层的保养应做到勤添砂、勤扫砂、勤匀砂、勤除细粉。

(3)稳定保护层应视具体情况采用洒水法、加浆法保养。

(4)路面出现轻微破损现象，应及时进行修补。

(5)保持路面一定的路拱横坡度。

(6)及时清除冬、春季节的路面积雪。

(7)路面与桥梁、明涵衔接应平顺,不得产生跳车。

(8)在进行扫砂、匀砂和扫雪除冰等保养工作时,必须注意防止损坏路面结构。

(9)注意及时增补养护材料。

6.3.6 路面基层的改善

(1)当路面具有下列情况时,则基层需要进行翻修:

①原有路面整体强度不足;

②根据路面使用质量的评定已经达到翻修条件;

③原有路面的材料已不能满足结构强度要求,造成全面损坏,需彻底更换路面结构。

(2)基层具有下列情况时,则需进行基层重铺:

①原有路面基层材料没有利用价值,翻修在经济上不合理;

②当地盛产路面基层材料,原基层材料虽然可以利用,但因机械施工困难,技术上暂时难以解决;

③原有路面因路基干湿类型发生变化,需改善其水稳性。

6.4 路基的养护与维修

路基是公路的重要组成部分,是路面的基础,它与路面共同承担车辆荷载。路基的强度和稳定性是保证路面结构稳定、路用性能良好的基本条件。

6.4.1 路基养护工作的内容和要求

1.路基养护工作的内容

(1)维修、加固路肩、边坡。

(2)疏通、改善排水设施。

(3)维护、修理各种防护构造物。

(4)清除塌方、积雪,处理塌陷,检查险情,防治水毁。

(5)观察和预防、处理翻浆、滑坡、泥石流等病害。

(6)有计划、有针对性地对局部路基进行加宽、加高,改善急弯、陡坡和视距不良路段,使之逐步达到所要求的技术标准。

2.路基养护工作的要求

(1)路基各部分经常保持完整,各部尺寸保持规定的标准要求,不损坏变形,经常处于完好状态。

(2)路肩无车辙、坑注、隆起、沉陷、缺口、横坡适度,边缘顺适,表面平整坚实、整洁,与路面接茬平顺。

(3)边坡稳定、坚固,平顺无冲沟、松散,坡度符合规定。

(4)边沟、排水沟、截水沟、跌水井、泄水槽(路肩水簸箕)等排水设施无淤塞、无高草,纵坡符合要求,排水畅通,进出口维护完好,保证路基、路面及边沟内不积水。

(5)挡土墙、护坡及防雪、防沙等设施保持完好无损坏,泄水孔无堵塞。

(6)做好翻浆、塌方、山体滑坡、泥石流等病害的预防、治理和抢修,尽量缩短阻车时间。

6.4.2 路基的日常养护与维修

1.路肩的养护

路肩养护与维修工作的重点是减少或消除水对路肩的危害。陡坡路段的路肩可以采用以下措施进行养护:①设置截水明槽;②用粒料加固土路肩或有计划地铺筑硬路肩;③在陡坡路段的路肩和边坡上全范围进行人工植草,以防冲刷。

2.边坡的养护

边坡包括路堑边坡和路堤边坡。

石质路堑边坡的养护主要采取清除、抹面、喷浆、勾缝、嵌补、锚固等措施,应避免危及行车、行人安全和堵塞边沟,影响排水。土质路堑边的养护主要采取种草、铺草皮、栽灌木林、铺柴束、篱格填石、投放石笼、干砌或浆砌片石护坡等措施,进行防护和加固。边坡养护实例如图6-13所示。

土工合成材料有土工网、土工格栅、防老化的塑料编织布、土工模袋等,其优点是施工简便、进度快、造价低、效果好。

图 6-13 边坡养护实例

3.排水设施的养护

路基排水设施分为地面排水设施和地下排水设施。地面排水设施通常有边沟、泄水槽、截水沟、排水沟、跌水及急流槽、拦水带等。地下排水设施有明沟、暗沟、渗沟、盲沟、有管渗沟、洞式渗沟以及防水隔离层等。路基排水设施的养护要求为:应进行经常性、预防性的养护和维修,确保其功能完好、排水顺畅;同时要根据实际使用情况,不断改善路基排水条件;如有冲刷、堵塞和损坏,应及时疏通、修复或加固。

路基排水系统能否正常工作,直接影响到路基的稳定性。路基排水设施常见的病害有边沟积水、路肩盲沟淤塞、路床积水。常用的路基排水设施养护措施有疏通、加固、增建排水系统。路基排水设施养护实例如图 6-14 所示。

图 6-14 路基排水设施养护实例

4.挡土墙、护岸和透水路堤的养护

挡土墙的日常养护除经常检查其有否损坏外,每年应在春、秋两季进行定期检查。若出现裂缝、断裂,可将缝隙凿毛,清除其中碎碴和杂物,然后用水泥砂浆填塞。水泥混凝土或钢筋混凝土挡土墙的裂缝也可用环氧树脂黏合。挡土墙发生倾斜、鼓肚、滑动或下沉时,可选用锚固法、套墙加固法、增建支撑墙加固法、原挡土墙损坏严重拆除重建等加固措施。挡土墙的泄水孔应保持畅通。挡土墙表面出现风化剥落时,应该喷涂水泥砂浆作为保护层。

护岸的养护设施可以采用土工模袋作为护岸设施。

透水路堤应保持稳定合完好,并及时疏通、清淤。

6.4.3 路基翻浆的防治

春融期间,由于土基含水过多,强度急剧降低,再加上重复行车的作用,路基发生的弹簧、鼓包、裂缝、冒浆、车辙等现象,称为翻浆。

1.翻浆发生的过程及其影响因素

翻浆发生的过程为:秋季(聚水)—冬季(冻结)—春融(含水量增加)—强度降低—翻浆。

影响翻浆的因素如下:

(1)土质因素。粉性土是最容易翻浆的土。

(2)温度因素。一定的冻结深度和一定的冷量(冬季各月负气温的总和)是形成翻浆的重要条件。

(3)水因素。翻浆的过程就是水在路基土中转移、变化的过程。

(4)路面因素。

(5)行车荷载因素。

(6)人为因素。设计不当;施工质量有问题;养护不当等。

2.翻浆的分类和分级

根据导致翻浆的水类来源的不同,翻浆可分为五个类型,即地下水类、地面水类、土体水类、气体水类、混合水类;根据翻浆高峰时期路面变形破坏程度不同,翻浆可分为三个等级,即轻、中、重度三个等级。

3.翻浆的防治措施

路基翻浆防治的基本途径是:防止地面水、地下水或其他水分在冻结前或冻结过程中进入路基上部,可将聚冰层中的水分及时排除或暂时蓄积在透水性好的路面结构层中;改善土基及路面结构;采用综合措施防治。

4.翻浆路段的养护

(1)秋季养护:主要工作是排水,尽量防止水分进入路基。

(2)冬季养护:主要工作,是清除积雪。

(3)春季养护:主要工作是抢防。

(4)夏季养护:主要工作是修复翻浆破坏的路基、路面,采取根治翻浆的措施。

6.4.4 滑塌的防治

1.滑坡的防治

滑坡的防治要贯彻"及早发现,预防为主;查明情况,综合治理;力求根治,不留后患"的原则,再结合边坡失稳的因素和滑坡形成的内外部条件进行处理。治理滑坡可以从以下两个方面着手。

(1)消除和减轻地表水和地下水的危害。具体做法为:防止外围地表水进入滑坡区,可在滑坡边界修建截水沟;在滑坡区内,可在坡面修筑排水沟;在覆盖层上可用浆砌片石或人造植被铺盖,防止地表水下渗。总之,排除地下水的措施很多,可根据边坡的地质结构特征和水文地质条件加以选择。

(2)改善边坡岩土体的力学强度。改善边坡岩土体的力学强度,可通过一定的工程技术措施,提高其抗滑力,减小滑动力。常用的措施如下:

①削坡。可通过降低坡高或放缓坡角来改善边坡的稳定性。削坡设计应尽量削减不稳定土体的高度,而阻滑部分岩土体不应削减。需注意,此方法并不总是最经济、最有效的措施,要在施工前进行经济技术比较后再决定。

②边坡人工加固。常用的方法有:修筑挡土墙、护墙等支挡不稳定岩体;制作钢筋混凝土抗滑桩或钢筋桩作为阻滑支撑;加固有裂缝或软弱结构面的岩质边坡可采用预应力锚杆或铺

索;也可通过固结灌浆化学加固法加强边坡岩体或土体的强度等。

2.崩塌的防治

防治崩塌灾害的基本途径为提高易崩塌岩体的稳定程度,防止或削弱崩塌活动;保护受灾对象,避免或减轻灾害损失。

具体措施主要包括:①掌握崩塌活动分布规律,居民点和重要工程设施要尽可能避开崩塌危险区及可能的危害区;②加强对危岩体监测、预测、预报工作,临崩前及时疏散人员和重要财产;③实施必要的工程措施,加固斜坡或防护受威胁的工程设施。

主要工程措施有:采用护墙或护坡,防止斜坡岩土剥落;镶补、填堵坡体岩石缝洞;人工消除小型危岩体或减缓陡峭高坡;加固危岩体,提高其稳定程度,防止崩落;疏通地表水和地下水,减缓对危岩陡坡的冲刷和潜蚀;修筑挡石墙、落石平台、拦石栅栏等,阻止崩塌物对工程设施的破坏;建造明硐、棚硐等防护铁路、房屋等建筑设施。

6.4.5 泥石流的防治

泥石流是指在山区或者其他沟谷深壑,地形险峻的地区,因为暴雨、暴雪或其他自然灾害引发的山体滑坡并携带有大量泥沙以及石块的特殊洪流。泥石流具有突然性以及流速快、流量大、物质容量大和破坏力强等特点。发生泥石流常常会冲毁公路、铁路等交通设施甚至村镇等,造成巨大损失。

泥石流是暴雨、洪水将含有沙石且松软的土质山体经饱和稀释后形成的洪流,它的面积、体积和流量都较大,而滑坡是经稀释土质山体小面积的区域,典型的泥石流由悬浮着粗大固体碎屑物并富含粉砂及黏土的黏稠泥浆组成。在适当的地形条件下,大量的水体浸透流水山坡或沟床中的固体堆积物质,使其稳定性降低,饱含水分的固体堆积物质在自身重力作用下发生运动,就形成了泥石流。泥石流是一种灾害性的地质现象。通常泥石流爆发突然、来势凶猛,可携带巨大的石块,因其高速前进,具有强大的能量,因而破坏性极大。

泥石流流动的全过程一般只有几个小时,短的只有几分钟,是一种广泛分布于世界各国一些具有特殊地形、地貌状况地区的自然灾害。这是山区沟谷或山地坡面上,由暴雨、冰雪融化等水源激发的、含有大量泥沙石块的介于挟沙水流和滑坡之间的土、水、气混合流。泥石流大多伴随山区洪水而发生。它与一般洪水的区别是洪流中含有足够数量的泥沙石等固体碎屑物,其体积含量最少为15%,最高可达80%左右,因此比洪水更具有破坏力。

泥石流的防治措施如下:

(1)防止和削弱泥石流活动的防治体系。通过生物措施和工程措施,保护和治理流域环境,消除或削弱泥石流发生条件。

(2)控制泥石流运动的防治体。采用拦挡坝、谷坊、排导沟、停淤场等工程措施,调整和疏导泥石流流通途径和淤积场地,减少灾害破坏损失。

(3)预防泥石流危害的防护工程体系。修建渡槽、涵洞、隧道、明硐、护坡、挡墙、顺坝、丁坝等工程,对重要危害对象进行保护。

(4)预测、预报及救灾体系。对于遭受泥石流严重威胁的居民、企业和重要工程设施,及时搬迁、疏散,受灾时有效地抢险救灾,减少灾害破坏损失。

(5)治水工程。修建水库、水塘和引水、排水渠道、隧洞工程,调蓄、引导导泥石流流域的地表水,改善泥石流形成与发展的水动力条件。

6.4.6 特殊地区路基养护

特殊地区主要指盐渍土地区、黄土地区、沙漠地区、多年冻土地区、泥沼和软土地区等。盐渍土地区公路受水流侵袭后,路基易出现坍塌或溶陷,应加强排水并采取相应的加固措施。黄土地区路基遇水容易发生沉陷、坍塌、冲沟和蚀宽、边坡松散等病害,应根据各种病害特征采取相应的处治措施。沙漠地区路基养护应采取"固、阻、输、导"等措施进行综合治理。公路两侧的固沙植物应加强管护。多年冻土地区的路基养护,应遵循"保护冻土"的原则,填土路基坡脚 20 m 范围内不得破坏原地貌,取土坑应设在坡脚 20 m 以外。多年冻土地区路基应注意加强排水,填土路基上方 20 m 以外、路堑坡顶 5 m 以外应设置截水沟,将雨雪水引到路基以外。对有涎流冰产生的路段,应适当提高路基高度,保持路基高于涎流冰最大壅冰高度加 0.5 m。泥沼和软土地区路基应加强排水,改善排水条件,采取适当的技术措施稳固路基。

1.沙漠区域公路段的养护

沙漠地区由于气候干燥、降雨量稀少、地表植被稀疏低矮,其公路段的边坡和路肩容易被风侵蚀或发生路基被积沙掩埋的现象。积沙掩埋路基,一是由于风沙穿过路基时风速减弱,导致沙粒下落堆积在路上;二是沿线沙丘移动,上路掩埋了路基,风蚀是路基上的沙粒或土粒被风吹走,路基被削低、掏空并坍塌,从而使路基的宽度和高度不断减小。实践证明,路基风蚀的程度与风力、风向、路基形式、填料组成及防护措施都有很大的关系。

为了有效地防止公路沙害,在设计、施工前必须认真调查公路路线所经区域的地形、地貌、沙源、风信、植被等自然条件以及风沙、沙丘移动的规律,因地制宜采取有效措施。在施工养护中经常采用以下方法对沙漠区域的公路进行养护。

(1)路基主体防护,用麦草、土石材料等覆盖加固,在有条件的情况下还可用沥青覆盖;

(2)对路基两侧的工程防护,总体可归纳为固、阻、输、导等四类,结合实际需要设置各种沙障、风力堤、聚风板和挡沙墙等设施;

(3)植物固沙防护,是县乡道路控制和固定流沙最根本而又最经济的措施,既减少了工程量,又减小了费用,还起到了调节气候、美化环境的作用。

沙漠地区公路路基日常养护的任务如下:

(1)公路上的积沙要随时清理,运至路基下风侧 20 m 以外的地形开阔处平摊铺开;养护路段禁止堆放任何材料及杂物,以免造成沙丘、影响公路畅通。

(2)维护好公路两侧原有的植被覆盖设施和挡沙墙,如石笼、风力加速堤和防沙林带、石砌护坡、草格等防沙设施。这些设施一旦被掩埋或倾倒坍塌、缺损时,应及时填补或增作修复补充,以保证路基完好。

(3)保证路基两侧已有的植物和林木正常生长,并有计划地补植防沙林带。

2. 多年冻土区域公路的养护

海拔 3500 m 以上的地区,如果年平均气温低于摄氏零度,地表就在一定的深度下形成一层能够长期保持冻结状态的土层,在一般的修建施工和养护作业中,夏季开挖永冻层在 0.5～1.0 m 左右时,称之为多年冻土。低湿地带的多年冻土往往含有大量的水分或夹有冰层,还有许多其他的不良物理现象,因此容易引起路基病害。多年冻土区域公路常见的病害如下:由于开挖路面,使含有大量冰水的多年冻土受日照和温度增高的影响而融解,引起路堑、半填半挖路基边坡坍塌或滑坡,路基基底不均匀沉陷,或者由于季节的影响,水分向路基上部聚集,冻胀、翻浆等;路基底部的冰丘、冰锥常常使路基鼓胀,引起路面开裂、变形;当冰丘、冰锥溶解后,路基又因为受到行车的碾压而发生不均匀性沉陷;路基开挖造成植被的破坏,加速了边坡、边沟的水土大量流失,形成滑坡或冲沟。由于维修冻土路基费工耗时,遇到雨季易形成坑槽、沉陷、积水,给行车带来很多不便。所以,对冻土路基应该做好以下工作:

(1)多年冻土区地表水无法下渗,会造成地表严重潮湿和积水,以致危害路基,应将积水及时引向路基外排出,排水沟与路堤坡脚之间要保持相应的距离,在少冰冻或多冰冻地段,这个距离一般不少于 2 m,地质不良处距离要更大一些,或修筑挡水墙和截水沟。

(2)疏通边沟、排水沟时,注意防止破坏冻层,导致冻土融化边坡坍塌。养护用土和砂石材料尽量不要在路基两侧或路边坡内采集,否则容易破坏冻土层影响路基边坡稳定。

在有涎流冰的地段应采取如下措施:对于路基上侧的泉水、夹层和透水层的渗水,可将其导入保温暗沟流向路外,如含水层中有不冻结的下层含水层,可将水层导入下层含水层中排出,也可在路基上侧较远地段开挖深沟,截断活动层泉流,使涎流冰聚集在距公路较远处,若边坡上有地下渗出,可修建暗管排出流水,同时用浆砌片石封闭边坡,防止水流冻结和冲刷,在做暗管或盲沟的末段要加大纵坡,防止流水淤积冻结。在沿溪路基临水一侧外修筑挡冰墙及土堤,阻挡流冰上路,也可在流水初结冰时,从中开一道水沟让水流沿此水道流走,以避免其溢流上路。水流不大、边坡不高的堑坡处,可在山坡上开挖聚水沟将水引入附近水沟和桥涵,利用挖沟土筑坝堤挡冰,对渗水量不大的山坡涎流冰或挖方涎流冰,可筑挡冰墙阻挡积水。挡冰墙应建在路肩或边沟外,其尺寸按流冰量确定。

3. 高山沼泽及腐殖土地段公路路基的养护措施

在高山沼泽地段一般都有较高密度草本植物生长,其根部下面有泥炭覆盖,含有较多的腐泥、淤泥及厚重、松软的淤积沉积物,有时也夹有腐泥或泥炭,这通常称之为腐殖土地带。在这种区域修筑的路基容易出现沉降、冻胀、弹簧、沉陷、滑坡和基底两侧挤出淤泥等病害,常采取的措施为:

(1)以填筑含土较少的砂石材料处理沉降,与路基两端衔接平顺;

(2)打生石灰桩吸收水分,防止融解翻浆,以整治膨胀、弹簧、沉陷;

(3)在有滑动或基底挤出淤泥的地方,在坡脚边沟以外修筑干砌片石或建造铅丝笼挡墙等支挡设施；

(4)在路基两侧的下边坡,可就地取材人工砌筑于砌片石或草皮挡土墙。砌筑草皮挡土墙时,应注意裁挖顺序和裁挖方式,以便砌筑得平顺、密实,使潮湿地段的草皮最终长成一个整体。草皮必须在路基 30 m 以外处挖取,以防影响路基边坡沉陷,滑坡等现象发生。

本章小结

本章主要介绍了路基路面常见的病害形式,并简单分析了病害产生的原因。路面病害方面主要针对沥青路面和水泥路面的病害进行了重点介绍和分析。路基病害方面重点针对滑坡、泥石流等病害进行了阐述。同时,结合一些病害案例,对水泥混凝土路面结构常见的病害类型进行了详细分析。最后介绍了常见的病害防治与处理方法,并对一些特殊地区路基养护的问题进行了介绍。

思考及练习题

1. 水泥混凝土路面结构常见的病害形式有哪些？各自产生的原因是什么？
2. 路基结构常见的病害类型有哪些？
3. 什么是路基翻浆？其产生的原因是什么？怎样防治路基翻浆病害现象？
4. 滑坡防治应该遵循怎样的原则？

参考文献

1. 徐家钰.道路工程[M].上海:同济大学出版社,2015.
2. 严作人.道路工程[M].北京:人民交通出版社,2011.
3. 何向红.道路工程施工技术[M].北京:化学工业出版社,2015.
4. 张新天.道路与桥梁工程概论[M].北京:人民交通出版社,2016.
5. 熊稳.关于道路设计中的选线优化设计分析[J].智能城市,2019,5(07):24-25.
6. 王廷忠.市政道路路面结构设计及病害防治措施解析[J].城市建筑,2020,17(09):170-171.
7. 罗闯旦,毛翠荣.省道S238公路改建工程路面设计[J].筑路机械与施工机械化,2019,36(11):25-30.
8. 罗增杰,王亚晓.道路混凝土路面病害及其处理[J].价值工程,2020,39(14):157-158.
9. 凌天清.道路工程[M].北京:人民交通出版社,2019.
10. 申爱琴.道路工程材料[M].北京:人民交通出版社,2016.
11. 刘雨.道路工程技术[M].北京:北京大学出版社,2012.
12. 于书翰.道路工程[M].武汉:武汉理工大学出版社,2000.
13. 仲杰.浅谈公路路线几何设计[J].江西建材,2018(4):177-179.
14. 符锌砂,葛婷,李海峰,等.基于公路三维线形几何特性的行车安全分析[J].中国公路学报,2015,28(09):24-29.
15. 王俊骅.面向卓越工程师的"道路规划与几何设计课程设计"课程教学探讨[J].教育教学论坛,2014(43):171-173.